다차원적

e-trust

형성과정 모형

사회적 실재감을 중심으로

다차원적
e-trust
형성과정 모형

박 주 식 지음

온라인상에서의 신뢰관계 구축은 오프라인과 어떤 점에서 차이가 있을까?

KSI 한국학술정보㈜

신뢰는 상대방과의 관계형성에 있어 가장 기본적이고 중요한 개념으로 알려져 있다. 특히 상대방과의 상호작용의 결과가 충분히 통제되지 못하는 경우에 중요해진다. 이러한 맥락에서 볼 때, 신뢰는 오프라인 거래관계에서보다 온라인 거래관계에서 그 중요성이 더욱 커질 것으로 예상할 수 있다. 많은 연구자들과 실무자들이 온라인 쇼핑몰의 성공요인으로 신뢰를 꼽는 데 주저하지 않는다. 온라인 거래관계에서 신뢰(e-trust) 구축은 성공의 키워드인 셈이다.

그렇다면 온라인상에서의 신뢰관계 구축은 오프라인과 어떤 점에서 차이가 있을까? 인터넷은 기업에게 다양한 사업기회를 제공하고 고객과의 관계 향상을 위한 중요한 수단으로 인식되고 있다. 특히 인터넷은 기업의 시장 기반을 확대하고 운영상의 효율성을 향상시켰으며 거래 파트너와의 연결성을 강화하고 보다 나은 고객서비스 향상에 기여하고 있다. 그러나 인터넷이 제공하는 온라인 쇼핑환경은 오프라인 쇼핑환경과 여러 가지 측면에서 상당한 차이가 있기 때문에 인터넷을 이용하는 기업은 서로 다른 두 환경의 차이를 이해하면서 기업 활동을 수행해야 할 것이다.

대표적인 온·오프라인 환경 간의 차이점은 바로 커뮤니케이션 상대방을 직접 보지 않고 상호작용한다는 점, 즉 비대면적 상호작용(non face-to-face interaction)이다. 오프라인 환경에서 소비자들은 오감을 통해 매우 감각적인 상호작용을 할 수 있지만 온라인 환경에서는 상호작용상의 감각적 제약으로 인해 사회적 상호작용감을 훨씬 덜 체험하게 된다. 실제로 많은 인터넷 쇼핑몰들이 인간적인 따뜻함이나 사회적 친밀감이 부족한 것이 현실이다.

기존의 e-trust 형성에 관한 대부분의 연구들은 이러한 온·오프라인 환경의 차이를 간과한 듯 보인다. 특히 B2C 온라인 쇼핑에서 사회적 상호작용감과 같은 경험적인 측면이 중요함에 불구하고 대부분의 연구들이 인지적인 측면(cognitive aspects)에 초점을 두고 연구가 진행되었다.

따라서 e-trust 형성과정을 보다 잘 이해하기 위해서는 비대면적 상호작용이 이루어지는 인터넷 거래환경의 특징을 반영할 수 있는 개념의 도입이 필요하다. 이러한 개념 중 하나가 바로 사회적 실재감(social presence)이다. 사회적 실재감이란 매체가 사용자와 사용자 간의 인적 연계감을 전달해 주는 정도를 의미한다. 일반적으로 가상공간에서 이루어지는 상거래에서는 대면적인 상호작용에 대한 욕구가 강하며 이는 신뢰를 형성하는 데 결정적인 역할을 하는 것으로 알려져 있다. 그러므로 비대면적인 상호작용이 이루어지는 온라인 환경에서 대면적인 상호작용을 하는 듯한 지각, 즉 사회적 실재감의 강화는 e-trust 형성에 중요한 역할을 할 것으로 예상할 수 있다.

그러므로 본 연구에서는 사회적 실재감을 중심으로 e-trust 형성과정에 대해 살펴보고자 한다. 그리고 신뢰의 다차원성을 고려하여 단일차원이 아닌 진실성, 역량, 선의로 차원을 나누어 개념화 및 측정을 하였다. 신뢰의 다차원성을 고려함으로써 신뢰의 선·후행변수 간의 관계에 대해 보다 명확하고 깊이 있는 이해를 도모하고자 하였다.

필자는 나름의 노력을 다하여 온라인 환경적 특징을 반영한 e-trust

형성과정을 알기 쉽게 설명하려고 하였다. 그럼에도 필자의 능력부족으로 여러 면에서 연구의 부족함을 절감하게 된다. 앞으로 지속적인 연구를 통해 한계점을 보완하여 보다 설명력 높은 모형과 이론을 개발해 나가고자 한다.

끝으로 본 연구에 대해 아낌없는 조언을 베풀어주신 김광수 교수님을 비롯한 여러 은사님들에게 머리 숙여 감사드리고, 출판을 흔쾌히 허락하시고 격려해 주신 한국학술정보(주) 관계자분들께도 감사의 마음을 전하고 싶다.

박 주 식

contents

제1장
서 론

제1절 연구배경

인간은 사회적 불확실성(social uncertainty)을 줄이기를 원한다. 이를 달리 표현하면, 인간은 다른 사람들을 이해하고 그들의 행동을 예측하고 통제할 수 있는 방법을 모색한다는 것이다. 이러한 사회적 불확실성이 규칙이나 관습에 의해 감소되지 않을 때에는, 사회적 복잡성(social complexity)의 감소방법으로 신뢰나 친숙성에 의존하게 된다(Luhmann 1979). 사실 신뢰는 사람들 간의 상호작용에서 가장 오랫동안 연구되어 온 개념이며(Blau 1964; Luhmann 1979; Rotter 1980), 특히 상대방과의 상호작용의 결과가 규칙과 보장에 의해 충분히 통제되지 못하는 경우에 더욱 중요한 것으로 알려져 있다(Blau 1964; Kelley 1979; Thibaut 1959).

신뢰는 또한 다양한 거래관계에서도 중요한 요소이다(Dwyer et al. 1987; Fukuyama 1995; Reichheld et al. 2000). Anderson과 Narus(1990)는 사업관계의 본질은 상대기업이 자사의 발전을 도모하는 방향으로 행동할 것이라는 신념을 가지는 것이라고 주장하였다. 특히 신뢰대상을 통제하기 어려워 신뢰대상이 신뢰당사자의 기대대로 행동할 것이라고 믿을 수밖에 없는 상업적 교환 상황에서 신뢰는 공식적인 계약을 대체하는 역할을 한다(Fukuyama 1995; Hart and Saunders 1997; Kumar 1996; Luhmann 1979).

이러한 맥락에서, 신뢰는 전통적 상거래에서보다는 전자상거래에서 더욱 중요하다고 할 수 있는데, 이는 전자상거래를 통제할 수 있는 규제와 관습이 상대적으로 적으며 온라인으로 제공되는 제품이나 서비스의 품질을 즉각적으로 검증할 수 없기 때문이다. 더욱이 인터넷 거

다차원적 e-trust 형성과정 모형

래는 전통적 거래에서 이루어지는 공식적인 제품보증서나 영수증을 통한 보증이 어렵다(Gefen 2000; Reichheld et al. 2000). 여러 연구의 결과에 따르면 높은 수준의 소비자 신뢰는 인터넷 구매의도에 긍정적인 영향을 미치고(Gefen 2000; Jarvenpaa et al. 1999) 인터넷 소비자와의 관계를 유지하는 데 도움을 주는(Reichheld et al. 2000) 반면 신뢰의 부족은 소비자가 인터넷구매를 하지 않는 주된 요인이 된다(Hoffman et al. 1999). 다양한 산업에서 소비자 신뢰는 전자상거래를 촉진시킨다는 인식이 확산되고 있다(Cole 1998). 사실 많은 닷컴 기업의 실패는 고객과의 강한 신뢰관계를 구축할 수 있는 능력의 부재에 기인한다(Disabatino 2000). 따라서 전통적 상거래에서보다 인터넷을 통한 상거래에서 고객과의 신뢰관계구축에 관한 연구는 더욱 중요한 의미를 가진다고 할 수 있다.

한편, 온라인 신뢰에 관한 연구는 오프라인 신뢰 연구에 기반을 두고 있다. 오프라인 거래와 온라인 거래가 많은 공통점을 가지고 있기 때문에 오프라인 신뢰에 관한 연구결과들이 온라인 거래에도 적용될 수 있을 것으로 보인다. 두 가지 모두에서 위험, 두려움, 복잡성, 비용 등은 교환을 제한하는 반면 신뢰는 교환을 강화시킨다. 그러므로 오프라인 신뢰 연구는 온라인 신뢰연구와 밀접한 연관이 있다. 즉, 오프라인 환경에서 신뢰는 위험, 두려움, 복잡성 등을 감소시켜 원활한 교환을 촉진하듯이 온라인 환경에서도 신뢰는 그러한 기능을 수행할 수 있다.

그러나 전통적 상거래에서 이루어진 신뢰에 관한 연구결과가 전자상거래에 그대로 동일하게 적용되지 않는다는 점도 인식해야 한다. 그 이유는 인터넷 쇼핑몰이 고객과의 상호작용 과정에서 대면적인 인적 상호작용을 제공하지 못하고 있다는 데 있다(Reichheld et al. 2000). 신뢰는 신뢰대상의 진실성(integrity), 선의(benevolence), 역량(ability), 예측가능성(predictability)을 믿는 행위로 대면적인 인적 상호관계를 통해 형성되는데(Mayer et al. 1995; McKnight et al. 1998), 온라인 거래에서는 기존의 거래방식과는 달리 대면적인 인적 상호작용이 존재하지 않는다.

그렇다면 이처럼 인적 상호작용이 존재하지 않는 전자상거래의 경우 기존의 신뢰형성과정과 어떻게 다른가? 본 연구는 이러한 의문에 답하기 위하여 진행되었다.

제2절 연구목적과 내용

본 연구는 전통적 신뢰에 관한 문헌과 온라인 신뢰관련 문헌의 고찰을 통해 기존 연구결과를 정리한 후 기존 연구들이 가지는 한계를 밝히고 이를 통해 보다 설명력이 높고 통합적인 쇼핑몰 신뢰형성 모형을 제시하고자 한다.

최근 진행되고 있는 인터넷 쇼핑몰 신뢰에 관한 연구들은 전통적 신뢰 연구의 결과에 바탕을 두고 이를 인터넷 환경에 적용하려고 하였다. 한 보고서에 따르면(Cheskin Research 1999), 쇼핑몰에 대한 신뢰는 안전보장(seals of approval), 브랜드(brand), 검색의 용이함(navigation), 수행능력(fulfillment), 프레젠테이션(presentation), 기술(technology) 등에 의해 형성된다고 하였으며 윤성준(2000)은 신뢰를 형성하는 선행변수(거래 안전성, 웹사이트 실체성, 검색 기능성, 개인적 변수)와 매개변수(웹사이트 인지도), 그리고 결과변수(구매의향)로 구성된 연구모형을

다차원적 e-trust 형성과정 모형

제시하고 변수들 간의 상관관계와 인과관계를 검증하였다. 이호근 등 (2003)은 인터넷 경매사이트에 대한 신뢰형성 요인으로 구매자의 신뢰성향, 제도적 특성, 사이트의 지각된 이점, 지각된 크기, 지각된 평판을 제시하였다. McKnight 등(2002)은 웹 환경에 대한 안전성 지각, 공급자 평판, 지각된 사이트 품질로 구성된 소비자 신뢰형성모형(TBM)을 제시하였으며, 3가지 변수 모두 소비자 신뢰형성에 유의한 영향을 미친다는 사실을 밝혔다. 또한 Corbitt 등(2003)의 연구에서는 쇼핑몰에 대한 고객의 신뢰수준이 지각된 쇼핑몰의 시장지향성 수준, 사이트 품질, 기술적 신뢰성 그리고 이용자의 웹 경험에 의해 영향을 받는 것으로 나타났다.

이러한 기존의 연구들은 쇼핑몰의 특징이나 소비자특성에만 초점을 두고 있으며 인적 상호작용이 없는 인터넷 환경만이 가질 수 있는 환경적 특징을 제대로 반영하지 못하고 있는 것으로 보인다. 따라서 기존 오프라인 환경에 비해 대면적 상호작용이 존재하지 않는 인터넷 환경의 특징을 보다 잘 반영할 수 있는 개념의 도입이 필요하다. Ratnasingham(1998)은 가상공간에서 이루어지는 상거래에서는 대면적인 상호작용에 대한 욕구가 강하며 이는 신뢰를 형성하는 데 결정적인 역할을 한다고 주장하였다. Kumar와 Benbasat(2002)는 사이트 방문자가 보다 더 많은 정보탐색을 할 것인지 또는 구매를 할 것인지에 대한 결정은 쇼핑객의 상호작용과 쇼핑객이 웹사이트에 대해 느끼는 친근감과 몰입 정도에 영향을 받는다는 사실을 발견하였다. 이처럼 비대면적 상호작용으로 생기는 익명성 또는 가상성은 인터넷 쇼핑몰 신뢰에 부정적인 영향을 미칠 수 있으므로 인터넷 쇼핑몰 운영자는 소비자가 쇼핑몰에서 쇼핑을 하는 동안 느끼게 되는 익명성이나 가상성을 최소화해야 할 것이다. 따라서 쇼핑몰 운영자는 직접적인 대면적 상호작용 감을 제공할 수는 없더라도 소비자에게 이와 유사한 지각이나 느낌을 제공할 필요가 있다.

이러한 개념이 바로 사회적 실재감(social presence)이다. 사회적 실재감이란 매체가 사용자와 사용자 간의 인적 연계감을 전달하는 정도를 의미한다(Short et al. 1976). Tu와 McIssac(2002)는 온라인 학습 환경하에서의 사회적 실재감을 CMC(Computer Mediated Communications) 상에서 제3의 지식 실체와 연결되어 있다는 느낌, 지각, 반응의 정도로 개념화하였다. 원거리 의사소통에 관한 연구와 온라인 교육효과에 관한 기존의 연구에서 사회적 실재감은 핵심적인 위치를 차지하고 있다. Williams와 Christie(1976)는 사회적 실재감이 사회적 환경에서 생기는 가장 중요한 지각이고, 특히 개인 간 원거리 의사소통을 이해하는 데 있어서 핵심적인 개념이라고 주장하였다.

본 연구는 이러한 사회적 실재감을 기존의 신뢰선행변수와 신뢰를 중재하는 매개변수로 설정하여 인터넷 쇼핑몰 신뢰에 관한 모형을 제시하고자 한다. 이를 위하여 기존 연구결과를 바탕으로 인터넷 쇼핑몰 신뢰의 선행변수를 기업요인, 쇼핑몰 운영요인, 외재적 요인으로 나누었으며 기업요인에는 고객에 의해 지각된 쇼핑몰 명성과 크기가 포함되며 쇼핑몰 운영요인에는 쇼핑몰과 상호작용하면서 지각될 수 있는 요인들로서 맞춤화 정도, 반응성, 사생활보호, 가상 공동체 지원으로 구성되고, 외재적 요인에는 쇼핑몰에 대한 타인의 평가인 오프라인 구전정보와 온라인 구전정보가 포함된다. 본 연구에서는 이러한 선행변수들과 사회적 실재감 그리고 쇼핑몰 신뢰 간의 구조적 관계와 쇼핑몰 충성도에 대한 쇼핑몰 신뢰의 영향관계를 검증하고자 한다. 먼저, 선행변수들 중 소비자와 직접적인 상호작용이 이루어지지 않는 기업요인과 외재적 요인은 기존의 연구결과에서 밝혀진 대로 쇼핑몰 신뢰에 직접적인 영향을 미치는 것으로 그 관계를 설정하였으며, 소비자와의 상호

다차원적 e-trust 형성과정 모형

작용을 통해 지각되는 쇼핑몰 운영요인에 대해서는 쇼핑몰 신뢰에 대한 직접적인 영향관계와 사회적 실재감을 통한 간접적인 영향관계 모두를 검증하고자 한다. 왜냐하면 맞춤화, 반응성, 사생활보호, 가상 공동체 지원 등과 같이 쇼핑몰과의 직접적인 접촉을 통해 생겨날 수 있는 개념들은 상대방이 실재하고 있다는 느낌, 즉 사회적 실재감을 통해서 쇼핑몰 신뢰에 영향을 미칠 것으로 예상되기 때문이다. 또한 신뢰의 다차원성을 고려하여 단일 차원이 아닌 진실성, 역량, 선의로 차원을 나누어 개념화 및 측정을 하였다. McKnight 등(1998)은 신뢰를 행동의도와 인지적 요소를 포함하는 다차원적인 사회적 개념으로 정의하면서 신뢰의 다차원성을 강조하였으며, Ganesan(1994)은 신뢰의 차원을 객관적인 역량과 관련 있는 신용(credibility)과 선의(benevolence)로 나누어 개념화하였다. 그리고 Blau(1964)와 Giffin(1967)도 신뢰를 진실성, 선의, 역량으로 구성되는 다차원적인 개념으로 보았다. 하지만 이러한 연구들은 신뢰의 다차원성을 개념적으로는 제시하였으나 실제로 측정할 때에는 단일 차원으로 측정하여 신뢰의 다차원적인 면을 충분히 검증하지 못하였다. 따라서 본 연구에서는 신뢰의 다차원성을 문헌적으로 정리하고 이를 직접 측정함으로써 신뢰의 선·후행변수 간의 관계에 대해 보다 명확하고 깊이 있는 이해를 도모하고자 한다. 그리고 기존 연구에서 신뢰의 차원 중 역량을 다양한 용어(competence, ability, capability)로 표현하고 있으나 본질적인 의미는 거의 유사하므로 본 연구에서는 이들을 역량으로 통일해서 표현하였다.

제3절 연구의 기대효과

본 연구를 통해 다음의 몇 가지 효과를 기대할 수 있다

첫째, 온라인 신뢰에 관한 대부분의 연구들이 웹사이트 특징이나 소비자 특성에 초점을 맞추어서 이루어진 반면, 오프라인 환경과 온라인 환경 간의 본질적인 차이를 중요하게 다룬 연구는 그리 많지 않았다. 본 연구를 통해 사이버 공간이 가지는 환경적 특징이 소비자 행동이나 기업의 마케팅 활동에 어떤 영향을 미칠 것인가에 관한 연구를 활성화시킬 것으로 기대할 수 있다.

둘째, 학제적 문헌 연구를 통해 e-trust 형성과정에 사회적 실재감 개념을 도입함으로써 웹사이트 의인화 전략의 가능성을 제기하였다. 여기서 의인화라는 용어는 소비자들이 실제 사람이 아닌 웹사이트를 실제 사람인 것처럼 느낄 수 있도록 한다는 점을 강조하기 위해 사용한 용어이다. 대부분의 기존 연구들은 온라인 쇼핑몰에는 판매원이 존재하지 않는다는 사실을 당연한 것으로 받아들이고 이러한 판매원 부재를 극복하기 위한 대안을 제시하는 데 있어 노력이 부족하였다고 판단된다. 따라서 본 연구를 통해 온라인 쇼핑몰에 대한 사회적 실재감을 강화함으로써 소비자들이 실제 판매원이 존재하는 것처럼 지각할 수 있는 방법에 대한 연구를 자극할 수 있을 것으로 기대한다.

셋째, 신뢰의 다차원성을 고려한 본 연구는 기존의 신뢰 선행변수들과 신뢰 차원들(역량, 진실성, 선의) 간의 보다 구체적인 관계를 제시할 수 있다. 예를 들어, 쇼핑몰 크기나 사생활 보호는 신뢰의 차원 중 역량에 유의한 영향을 미치는 것으로 나타났으며 가상 공동체 지원이나 사회적 실재감은 선의 차원에 영향을 미치는 것으로 나타났다. 따

라서 이러한 연구결과는 실제 쇼핑몰을 운영하는 기업이 좀 더 세분화되고 효과적인 쇼핑몰 신뢰제고 전략을 수립할 수 있도록 시사점을 제공할 수 있을 것이다.

제2장

이론적 배경

제1절 신뢰에 관한 연구

1.1 신뢰의 개념과 차원

인간행동의 중심적인 측면들 중 하나는 사회적 환경을 통제하고 예상 또는 이해하고자 하는 욕구이다. 사람들은 그들의 행동이 다른 사람들에게 어떤 영향을 미칠 것인지 반대로 다른 사람들의 행동이 자신에게 어떤 영향을 미칠 것인지를 미리 알기를 원한다. 규칙과 관습은 사회적 행동의 많은 측면을 규제함으로써 사회적 복잡성을 감소시키는 수단이 될 수 있다. 하지만 사회적 환경은 인간의 이해능력이 못 미칠 정도로 복잡하다. 왜냐하면 사람들은 본질적으로 다른 사람들의 통제를 제한적으로 받는 독립적인 존재이며 그들의 행동은 항상 명확하거나 합리적이지만은 않기 때문이다. 그 결과, 다른 사람들과 상호작용할 때에는 상대방이 보여줄 수 있는 매우 다양한 행동을 고려하고 예상할 필요가 있다(Luhmann 1979). 사회적 복잡성에 대처하는 방법 중의 하나는 상대방이 나와 관계를 맺을 때 사회적으로 수용할 만한 방법으로 행동할 것이며 예상치 못한 돌발적인 행동을 하지 않을 것이라고 가정하는 것이다. 규칙과 관습이 충분치 않을 때, 신뢰는 사회적 관계에서 기대한 결과를 얻을 수 있을 것이라는 대체적인 보증인 역할을 하게 된다(Kelly 1979). 이러한 가정이 신뢰의 본질이다 (Luhmann 1979).

따라서 신뢰는 상호작용의 상황에 따라(규제와 관습으로 충분히 통제 가능한 경우와 그렇지 않은 경우에 따라) 그 중요성이 달라지며 (Butler 1991; Ganesan 1994; Lewis and Weigert 1985; McKnight et al. 1998; Rossiter 1975) 행동의도와 인지적 요소를 포함하는 상황의존적인 다면적인 사회적 개념(context-dependent multidimensional social concept)이다(Lewis and Weigert 1985; McKnight et al. 1998; Rossiter 1975). 신뢰의 측면 중 행동 의도는 상호작용 과정에서 상대방에게 자신의 취약성(vulnerability)을 허용하는 것을 의미하고 인지적 측면은 신뢰대상에 대한 상황관련 신념(context-related beliefs)을 의미한다(Lewis and Weigert 1985; Rossiter 1975). 이러한 신뢰개념의 행동적 측면과 인지적 측면에 대한 차이에 관한 연구는 Deutsch(1958)가 수행한 죄수들의 딜레마 게임(Prisoners' Dilemma game)에 있어서의 신뢰 연구에서 출발하였다(Giffin 1968). Deutsch(1958)는 신뢰를 의존대상의 행동을 통제할 수 없는, 그래서 잠재적 손해를 입을 수 있는 상황에서 신뢰행동의도를 유발시키는 기대의 집합으로 정의하였다. 대부분의 기존연구에서는 신뢰를 상대방이 기회주의적으로 행동할 수 있는 취약하고 의존적인 상황에서(Rousseau et al. 1998) 상대방이 윤리적으로 행동하고(Hosmer 1995) 기대된 행동을 할 것(Blau 1964; Deutsch 1958; Kumar et al. 1995; Rotter 1971; Schurr and Ozanne 1985)이라는 신념으로 개념화하고 있다. 따라서 본 연구에서도 신뢰를 인지적인 측면을 중심으로 개념화하고자 한다.

이러한 인지적 형태의 신뢰는 전형적으로 신뢰대상의 역량, 선의, 진실성에 대한 신념을 의미한다(Mayer et al. 1995; McKnight et al. 1998). 최근연구에서는 예측가능성도 포함하고 있다. 신뢰에 대한 연구가 다양한 상황에서 진행되었지만 역량, 선의, 진실성은 신뢰의 공통적인 요소로 포함되었으며 예측가능성과 함께 신뢰에 관한 경영학 연구에서 핵심적인 요소로 여겨지고 있다(Mayer et al. 1995; McKnight et al. 1998). 사회적 교환관계에서 신뢰를 연구한 Blau(1964) 역시 신뢰는 상대방의 진실성, 선의, 역량에 대한 신념으로 개념화하였다. Luhmann(1979)은 신뢰를 "행동을 결정짓는 상황특유적 기대 또는 신념(situation- specific expectation)"으로 정의하였으며 신뢰 차원에 역량 개념을 포함시키지 않았으며, 사회적 관계에서 신뢰의 진실성 차원과 선의 차원이 가지는 상이한 역할을 분석하였다. Korsgaard 등(1995)은 신뢰를 팀 구성원이 그들 리더가 가지고 있는 선의와 진실성에 대해 가지고 있는 확신이라고 제시하였으며, Hart와 Saunders(1997)는 신뢰를 상대방이 선의를 가지고 있을 것이라는 기대에 기초하여 상대방이 자신의 기대대로 행동할 것이라는 확신으로 정의하였다. Rousseau 등(1998)은 신뢰를 "상대방의 의도 또는 행동에 대한 긍정적인 기대에 기초하여 취약성을 수용하고자 하는 의도"로 정의하였으며, 관계 당사자들 간의 관계기간과 특성에 따라 달라질 수 있다고 하였다. 즉 초기 신뢰(initial trust)의 경우, 신뢰는 역량에 대한 신념, 선의에 대한 신념, 정직에 대한 신념, 예측가능성에 대한 신념들로 구성되지만, 기회주의적인 배신행위가 있을 수 있는 상황에서의 신뢰는 선의에 대한 신념과 정직에 대한 신념으로만 구성된다(Elangovan and Shapiro 1998).

지금까지는 주로 사회학 또는 경영학의 인적자원관리 분야에서 이루어진 신뢰개념에 관한 관점이었으며 이러한 관점은 마케팅 문헌에서도 나타나고 있다. 마케팅 문헌에서 신뢰에 관한 개념적 접근방법에는 신뢰를 행동의도로 개념화하기도 하고 신념의 집합으로 개념화하기도 한다(Morgan and Hunt 1994). 후자를 지지하는 학파 중에서 Schurr과 Ozanne(1985)은 신뢰를 "상대방의 말과 약속이 믿을 만하며 상대방이 자신의 약속을 지킬 것이라는 신념"으로 정의하였으며 이러한 신념은 행동의도에 영향을 미친다고 하였다. Moorman 등(1992)은 신뢰를 신뢰자의 행동의도에 중점을 두어 정의하였는데 신뢰를 자신이 확신을 가지고 있는 교환당사자에게 의지하고자 하는 의도라고 정의하였다. 다른 연구에서는 신념과 행동의도 모두를 강조하여 신뢰를 개념화하기도 하였는데, Morgan과 Hunt(1994)는 상대방의 의존가능성과 진실성에 대한 확신으로 신뢰를 정의하였으며 Ganesan(1994)은 신뢰를 "상대방의 경험, 의존가능성, 선의로 인해 생겨난 신념 또는 기대에 기반을 두어 상대방에게 의존하고자 하는 의지"라고 정의하였다. 이 정의에서 인지적 신념의 차원에 대한 중요한 점을 시사하고 있는데 그것은 앞서 다른 학문분야에서 제시한 진실성, 역량, 선의와 유사한 개념으로 신용과 선의를 제시하고 있다. 신용은 의존가능성과 역량으로 구성되고 Ganesan은 이를 "객관적 신용(objective credibility)"으로 명명하였다. 그리고 선의는 상대방의 동기와 관련 있는 개념으로 볼 수 있다.

신뢰는 인터넷 환경에서는 상대적으로 새로운 개념이다. Jarvenpaa 등(1998)은 인터넷 환경에서의 가상 집단에 관한 연구에서 신뢰는 역량, 진실성, 선의라는 3가지 차별적인 차원으로 구성되어 있다는 사실을 발견하였고 이 세 가지에 대한 신념은 가상집단 구성원의 신뢰행동의도(trusting behavioral intentions)에 영향을 미치는 것으로 나타났다. 특히 진실성은 신뢰의도에 가장 강한 영향을 미치는 것으로 나타난 반면 역량의 중요성은 시간이 지날수록 감소하는 것으로 나타났다. 최근 Gefen(2004)의 ERP 채택에 관한 연구에서 공급자의 기술지원 팀에 대한 신뢰를 Giffin(1967)이 제시한 3가지 차원인 진실성, 선의, 역량으로 개념화하였다. 따라서 본 연구에서는 행동의도와 인지적 요소로 구성되는 신뢰를 대상에 대한 신념이라는 인지적 측면을 중심으로 개념화하고 신뢰의 차원을 진실성, 역량, 선의로 나누어 살펴보고자 한다. 이처럼 신뢰의 다차원성을 고려하여 개념화하고 측정함으로써 쇼핑몰 신뢰와 그것의 선·후행변수 간의 관계에 대한 보다 많은 시사점을 제공해 줄 수 있을 것이다.

다음의 〈표 2-1〉은 기존 연구에서 제시된 신뢰의 차원을 요약한 것이다.

<표 2-1> 기존 연구에서 밝혀진 신뢰의 차원(dimensions)

연구자	차 원
Blau(1964)	진실성, 선의, 역량
Giffin(1967)	진실성, 선의, 역량
Rotter(1971)	예상가능성
Luhmann(1979)	진실성, 선의
Rotter(1980)	의존가능성
Schurr and Ozanne(1985)	예상가능성
Zucker(1986)	공유된 사회적 기대
Dwyer 등(1987)	역량과 의도
Anderson and Narus(1990)	신뢰가치성에 대한 신념
Crosby 등(1990)	진실성, 선의
Buttler(1991)	유용성, 역량, 공정성, 진실성, 애호도, 개방성, 약속이해, 수용성
Moorman 등(1992)	신뢰가치성에 대한 신념
Moorman 등(1993)	진실성, 역량
Ganesan(1994)	역량, 의존가능성, 선의
Morgan and Hunt(1994)	의존가능성, 진실성
Mayer 등(1995)	진실성, 선의, 역량
Hosmer(1995)	도덕적으로 옳은 결정에 대한 기대
Korsgaard 등(1995)	선의, 진실성
Kumar 등(1995)	진실성, 선의
Kumar(1996)	진실성, 의존가능성

연구자	차 원
McAllister(1995)	신뢰가치성, 선의
Mishra(1995)	역량, 개방성, 선의, 의존가능성
Ramaswami 등(1997)	신뢰가치성에 대한 신념
Hart and Saunders(1997)	예상가능성, 역량, 개방성, 선의
Elangovan and Shapiro(1998)	선의, 진실성
Jarvenpaa 등(1998)	진실성, 선의, 역량
McKnight 등(1998)	역량, 선의, 진실성, 예상가능성
Rousseau 등(1998)	긍정적인 기대
Gefen and Silver(1999)	진실성, 선의, 역량
Jarvenpaa and Tractinsky(1999)	신뢰가치성, 진실성, 선의
Kollock(1999)	신뢰가치성
Ridings and Gefen(2001)	진실성, 선의, 역량
Gefen(2002)	전자 공급자의 신뢰가치성에 대한 신념
McKnight 등(2002)	진실성, 선의, 역량
Gefen 등(2003)	진실성, 선의, 역량
Pavlou(2003)	전자 공급자의 신뢰가치성에 대한 신념
Gefen(2004)	진실성, 선의, 역량

그리고 신뢰개념을 이해하기 위해서는 신뢰가 아닌 것과의 차이를 명확히 할 필요가 있다. 신뢰와 혼용해서 쓰이는 많은 관련 개념들이 있다. 먼저 신뢰는 신뢰가치성(trustworthiness)이 아니다. 하지만 대부분의 문헌에서 이 두 가지 개념을 명확히 구분하고 있지는 않다 (Blois 1999). 신뢰는 신뢰자의 행동이다. 즉 어떤 사람은 특정대상을 신뢰한다. 그리고 신뢰는 반드시 사람이 하는 것이다. 이와는 대조적으로 신뢰가치성은 신뢰의 대상이 되는 특정 사람 또는 특정사물의 특징이다(Corritore et al. 2003). 신뢰와 신뢰가치성이 서로 다르지만,

둘 간에는 논리적인 연결성이 있다(Solomon and Flores 2001). 이는 다음의 문장으로 설명된다. "나는 나에게 신뢰가치성 있는 특징을 보여주는 대상을 신뢰한다." 협동(cooperation)과 믿음(faith)도 신뢰와 같은 개념이 아니다. 협동은 종종 게임이론에서 신뢰와 동의어로 사용되기도 한다(Deutsch 1962). 그러나 협동은 신뢰 그 자체라기보다는 신뢰의 원인이나 징후이다(Good 1988; Mayer et al. 1995). 협동은 신뢰를 자극하고 신뢰는 협동을 만들어 낸다(Corritore et al. 2003). 신뢰는 또한 믿음과도 같지 않다. 일상적으로 "나는 너를 신뢰한다"라는 표현을 하기 위해 "나는 너에게 대한 믿음이 있다"라고 하지만, 믿음은 이성(reason)의 반대말이다. 그러나 신뢰는 이성을 포함한다. 왜냐하면 불확실성의 조건하에서 위험을 무릅쓰고 전략적 의사결정을 하는 것이기 때문이다. 반면 믿음은 이성이나 논리에 의해 충분히 지지되지 않는 것을 믿는 행위를 의미한다(Macy and Skvoretz 1998). 역량(competence)과 신뢰 역시 명확히 구분되지 않고 있다. 역량은 신뢰하도록 하는 여러 가지 인지적 단서 중의 하나이다(Dunn 2000). 사람들은 부분적으로 신뢰대상의 역량에 대한 지각에 기초하여 신뢰를 형성하지만, 신뢰는 신뢰대상의 역량에 대한 믿음 그 이상을 말한다. 신뢰는 의존(reliance)과도 혼용되고 있다. 그러나 어떤 사람을 신뢰하지 않고도 그 사람을 의지할 수 있다(Blois 1999).

1.2 신뢰의 수준(level)

Doney와 Cannon(1997)은 조직 간의 신뢰 형성에 대해 설명하면서, 상대편 조직의 기업 수준과 판매 담당자 수준에서의 신뢰를 구분하여 신뢰 형성에 영향을 미치는 요소의 확인과 기업과 개인 수준의 신뢰가 각각 구매와 미래 상호작용에 미치는 영향을 제시하였다. 이는 조직 간의 거래에 있어서도 조직 전체적인 수준만을 확인하였던 과거의 연구 흐름에서 담당자로 대표되는 개인수준의 접근으로 신뢰의 역할을 확대시킨 것과 그 맥락을 같이 하고 있다. Smith와 Barclay(1997) 역시 조직 간의 신뢰를 연구함에 있어서 신뢰의 대상이 기업 수준에 있는 것인지 거래의 접점에 있는 담당자 수준에 있는 것인지를 검토하는 것이 필요하다고 하였다.

초기의 신뢰에 관한 연구들은 신뢰를 주로 개인 쌍방관계 차원(interpersonal dyad)에서 연구하였지만(Schlenker et al. 1973), 개인이 조직, 기관에 대해 신뢰하는 것에 대한 현실적인 부분에 기초한 연구도 상당한 비중을 가지고 진행되었다(Lewis and Weigert 1985). 소매업체의 구매 활동에 있어서 개별 구매담당자의 역할은 매우 중요한 의미를 갖는다(Ganesan and Weitz 1996). 동시에 구매담당자 입장에서 공급업체의 접점에 해당하는 공급업체의 판매 혹은 영업담당자의 역할도 매우 중요한 의미를 갖는다. 그러므로 조직 간의 신뢰 특히 소매업체와 공급업체 간의 신뢰는 기업 그 자체에 대한 신뢰와 조직을 대표하여 거래 관계의 접점에 있는 담당자에 대한 신뢰로 구분될 수 있다.

이와 유사한 논리로 인터넷 쇼핑몰 신뢰의 선행변수들도 기업 그 자체에 관련된 요인과 고객접점에서 이루어지는 고객과의 상호작용과 관련된 요인으로 나누어 볼 수 있다. 기업 그 자체적인 요인에는 기업의 명성과 크기가 포함될 수 있고, 고객과의 상호작용과 관련된 요인에는 맞춤화, 반응성, 사생활보호, 가상 공동체 지원이 포함될 수 있다. 여기서 가상 공동체 지원은 주로 쇼핑몰 게시판을 통한 고객들 간의 정보교환을 촉진시키고자 하는 기업노력에 대한 소비자의 지각을 의미한다.

그리고 신뢰 수준 간의 영향관계를 살펴보면, 조직의 이미지를 형성하는 요인이 조직에 속해 있는 조직구성원의 이미지에 어떠한 영향을 미치는가에 대한 연구들은 협상연구(Sawyer and Guetzkow 1965; Kakar 1972; Tse et al. 1988)와 영업사원(Weitzel et al. 1989, Boedecker et al.1991, MacKenzie et al. 1993)에 대한 연구 등에서 이루어지고 있다(박진용과 오세조 1999). 이들 연구에서 공통적으로 확인할 수 있는 것은 협상이나 판매 과정에서 이를 수행하고 있는 담당자는 그들이 속해 있는 조직에 의해 영향을 받고 있다는 점이다. 보다 직접적으로 Doney와 Cannon(1997)의 연구 모형에서 기업에 대한 신뢰 수준과 담당자(판매원)에 대한 신뢰 수준은 상호 영향관계에 있음을 나타내고 있다.

1.3 신뢰의 중요성 및 역할

오프라인에서 신뢰와 신뢰관계는 1950년대 이후부터 다양한 학문분야에서 연구주제가 되어 왔다(Corritore et al. 2001). 신뢰에 관한 연구흐름은 철학, 사회학, 심리학, 경영학, 마케팅, 인간공학, 인간-컴퓨터 상호관계(HCI), 산업 심리학 그리고 전자상거래 분야에서 이어져 왔다. 하지만 다양한 학문분야에서 신뢰에 관한 연구가 되었지만, 각 학문분야에서는 신뢰에 관한 각기 다른 개념, 정의, 결과들을 만들어 내었다(Corritore et al. 2003). 사실 학문분야마다 연구의 초점이 다르고 개념에 대한 일치가 부족한 현실이다(Lewichi and Bunker 1995).

하지만 이러한 신뢰연구의 다양성에도 불구하고, 모든 학문에서 신뢰의 가치에 대해서만은 동의하고 있다. 신뢰는 사람들이 위험하고 불확실한 상황에서 살아갈 수 있도록 한다(Deutsch 1962; Mayer et al. 1995). 그것은 개인이 의사결정할 때 선택대안의 수를 줄여줌으로써 복잡성을 감소시키는 역할을 한다(Luhmann 1979; Barber 1983; Lewis and Weigert 1985). 신뢰는 또한 하나의 사회적 자본으로 간주될 수 있으며 사람들 간에 조정과 협동을 만들어 낸다(Putman 1995; Misztal 1996). 기업 환경에서 신뢰는 성공적인 거래와 장기적인 관계에 핵심요인이다(Koehn 1996). 신뢰는 가격과 권위를 대신할 수 있는 대안적인 통제수단으로 제시되기도 한다(Creed and Miles 1996).

일반적으로 신뢰는 거래쌍방 간의 상호작용의 질을 높이고, 협력관계의 수준을 높이며, 궁극적으로 성과를 향상시키게 된다(Schurr and Ozanne 1985). Bradach과 Eccles(1989)도 신뢰를 한 기업의 거래당사자가 기회주의적으로 행동할지도 모른다는 두려움을 없애주는 기대감의 한 형태라고 보았다. 즉 신뢰는 더 많은 관계적 상호작용을 원하거나 지속적인 관계를 형성하기를 기대하는 당사자 기업들 간의 교환행위를 이끄는 요인 중의 하나라고 보았다. Pruitt(1988) 역시 신뢰가 관계적 교환에 이르게 하는 조정과 협동의 필수 전제조건이라고 주장하였다. Ganesan(1994)은 소매상과 공급자의 장기지향성을 획득하기 위해서는 의존과 신뢰가 중요한 역할을 하며, 이러한 신뢰는 소매상에게 다음의 3가지 방식으로 영향을 미친다고 보았다. 첫째, 신뢰는 공급자의 기회주의적 행동이 가져올 수 있는 위험에 대한 인식을 감소시킨다. 둘째, 신뢰는 단기간의 불평등은 장기에 걸쳐서 사라질 것이라는 소매상의 믿음을 증가시킨다. 셋째, 신뢰는 교환 관계에서의 거래 비용을 감소시킬 것이다. 이처럼 신뢰는 장기지향성과 관련을 맺게 되는데, 이는 특정한 신뢰행위와 의도 모두가 기회주의적 행동으로 인한 위험의 인지를 약화시킬 수 있기 때문이다. 결론적으로 신뢰가 형성된다면, 합리성이 결여된 상황하에서도 상대방이 자신에게 주어진 의무를 다할 것이라는 믿음과 향후 상대방의 행동을 미루어 짐작할 수 있기 때문에 기회주의적 행동에 대한 탐색 대신 공급자와 소매상 쌍방 간의 장기 지향적인 관계를 형성할 수 있게 된다.

이러한 맥락에서 온라인 환경에서의 신뢰의 역할은 더욱 중요해질 수 있음을 알 수 있다. 즉 익명성이라는 대표적인 특징을 가지고 있는 온라인 거래는 상대방의 기회주의적인 행동에 대한 지각된 위험이 오프라인 거래보다 상대적으로 더욱 크며 이에 따라 온라인 신뢰는 온라인 거래를 이끌어내는 데 있어 결정적인 역할을 할 것으로 보인다.

신뢰역할에 대한 연구의 다른 한 부류는 정보의 소유와 이용에 있어서 신뢰가 미치는 영향을 중심으로 조명되었다(윤성준 2000). 정보를 제공하는 기업과 이를 제공받는 소비자 간의 상호작용에 있어 소비자가 지각하는 정보원천에 대한 지각에 따라 메시지에 대한 신뢰수준과 태도변화가 이루어진다고 보았다. 예를 들면, 광고의 효과 측면에 있어서 원천신뢰성(source credibility)이 제품의 질 또는 메시지 평가에 미치는 영향 차원에서 많은 연구들이 실행되었다(Gotlieb and Sarel 1992; Erickson and Johansson 1985; Sparkman and Locander 1980; Settle and Golden 1974). 원천신뢰성은 Hovland와 그의 동료들이 1953년에 만들어낸 말로써 메시지를 수신하는 사람에 영향을 주는 의사전달자의 특성을 일컫는다. 그들은 지각된 전문성(expertise)과 신뢰가치성이 원천신뢰성 개념의 잠재결정요인이라고 보았다. 그들에 의하면 신뢰가치성은 의사전달자가 유효한 주장을 하는 데 필요한 의도와 능력을 갖추었는지에 대한 수신자의 믿음의 수준을 말한다. McGinnies와 Ward(1980)는 전문성과 신뢰가치성을 갖는다고 지각된

다차원적 e-trust 형성과정 모형

개인이 가장 큰 의견변화를 야기한다는 것을 발견하였다. 즉 신뢰가치를 인정받은 사람은 그가 실제 전문가가 아니라도 설득력이 높다는 사실을 알아냈다. 광고주들은 유명인에게서 연상되는 신뢰성을 이용하여 메시지의 독특성과 기억력을 높이려고 노력하였다. 즉 소비자들로 하여금 제품 자체의 속성을 평가하기보다는 유명인들 또는 전문가들과 연관된 신뢰성과 전문성을 이용하여 메시지의 설득력과 태도변화를 야기함으로써 원하는 브랜드 이미지를 창조하려는 것이다(윤성준 2000). 이와 같은 신뢰성에 관한 이론적 연구는 주로 귀인이론을 사용하여 이루어졌다. 예를 들어 Sparkman과 Locander(1980)는 메시지의 원천이 높은 신뢰성을 가질 때 메시지를 덜 의심한다고 밝혔고 Erickson과 Johansson(1985)은 광고메시지가 높은 신뢰성을 가질 때 소비자들은 제품의 질을 판단하는 데 여러 개의 평가기준(multiple cues)을 사용하여 낮은 품질의 기준이 있더라도 이는 다른 기준들에 의해 상쇄된다고 하였다.

메시지 또는 원천신뢰성에 대한 연구뿐만 아니라 기존의 연구들은 신뢰성이 매체의 사용에 어떠한 영향을 미치는가에 대해서도 연구하였다. 예를 들면 한 매체에 대한 신뢰성의 지각은 그 매체의 사용빈도와 상관관계가 있다고 밝혀졌다(Wanta and Hu 1994; Westley and Severin 1964). 유사한 연구에서 사람들은 그들이 선호하는 매체를 가장 신뢰성이 높다고 판단한다는 결과를 얻었다(Rimmer and Weaver 1987). 이와 같은 이유로 전통매체의 신뢰성에 대한 연구결과는 대부분 TV가 가장 신뢰성이 있다고 결론지었으나(Jacobson 1969; Roper 1977) 다른 연구에서는 정보를 추구하는 소비자들은 신문을 더 신뢰한다고 주장하였다(Mulder 1980). 인터넷에서 제공되는 정보가 전통매체(예, TV, 라디오, 신문, 잡지)의 정보보다 더 많은 신뢰성을 갖는지에 대한 연구는 매우 희박하다. 한 연구에서는 전통 매체에서의 원천신뢰성에 관한 연구를 보면 정보소비자들이 원천의 전문성, 편견, 과거 지식과 원천에 대한 인상(impression)과 같은 여러 기준에 의지하여 원천의 신뢰성을 판단하지만 이러한 지식이 결여되었을 때는 메시지의 전달방법 또는 메시지를 지원하는 세부적인 보조 자료의 존재 여부가 매체신뢰성의 평가기준이 된다고 하였다(Slater and Rouner 1996).

1.4 신뢰의 생성과정

신뢰는 다양한 방식으로 생성될 수 있는데 Doney와 Cannon(1997)은 다음의 다섯 가지로 정리하여 제시하였다. 첫째는 계산 과정(calculative process)으로, 이는 주로 경제학자(Dasgupta 1988; Williamson 1991)들이 주장한다. 즉 개인이나 조직은 상대방에 대한 기만 및 관계 유지에 대한 비용과 보상을 계산한다(Lindskold 1978). 기만으로 인한 편익이 관계 유지로 인한 편익을 능가하지 못한다는 점에서, 한 파트너를 기만하는 것은 다른 파트너의 중요한 관심이 될 수 없다고 추론하게 되고, 따라서 한 파트너는 신뢰받을 수 있다. 이러한 사실을 인터넷 쇼핑몰 신뢰에 적용시켜보면, 쇼핑몰의 명성이나 크기가 클수록 소비자는 쇼핑몰이 기회주의적인 행동을 하지 않을 것이라고 추론할 것이다. 왜냐하면 명성이 높은 쇼핑몰의 경우 명성이 낮은 쇼핑몰보다 기회주의적인 행동으로 인한 혜택보다 비용이 더 클 것이라고 예상하기 때문이다. 따라서 명성 있고 크기가 큰 쇼핑몰을 신뢰할 가능성이 높아진다고 볼 수 있다.

둘째는 예상과정(prediction process)으로, 신뢰의 생성은 한 당사자가 다른 당사자의 행동을 예상할 수 있는 능력에 달려 있다는 것이다.

다차원적 e-trust 형성과정 모형

이러한 예상능력은 반복된 상호작용을 통해 증가된다. 예를 들어 판매자와 구매자 간의 반복적인 약속과 약속이행을 통해 판매자는 구매자의 신뢰를 얻을 수 있다(Doyle and Roth 1992; Swan and Nolan 1985). 이러한 예상과정은 본 연구에서 제시한 쇼핑몰 운영요인과 관계가 깊다고 볼 수 있다. 쇼핑몰과의 직접적인 상호작용을 통해 얻어지는 지각된 맞춤화 정도, 반응성, 사생활보호 등은 쇼핑몰 신뢰에 직접적인 영향을 미칠 것으로 예상된다. 한편, Lewicki와 Bunker(1995)는 두 당사자가 다양한 경험을 공유할 때 상대방의 행동에 대한 예상능력이 향상되고 그에 따라 신뢰가 생성된다고 하였다.

셋째는 역량과정(capability process)으로, 이는 상대방이 특정 과정을 수행할 수 있는 능력을 결정하는 것으로 Ganesan(1994)이 제시한 신뢰의 두 가지 측면 중 신용(credibility)에 초점을 두고 있다. 예를 들어 공급부족인 상황에서 판매원이 즉각적인 배달을 약속했다고 하자. 그러한 경우 만약 고객이 판매원의 그러한 주문을 처리할 수 있는 능력에 대해 의심한다면 판매원의 말을 신뢰하는 데 주저하게 될 것이다. 역량과정 역시 본 연구의 기업요인으로 제시된 쇼핑몰 명성과 크기와 관계 깊다. 소비자들은 쇼핑몰이 잘 알려져 있거나 규모가 크다고 느끼면 거래의 모든 면에서 뛰어난 능력을 갖추었을 것이라고 쉽게 예상한다.

넷째는 의도과정(intentionality process)으로, 신뢰는 상대방의 동기를 해석하고 평가함으로써 생성되는데, 의도과정을 이용해 신뢰자는 다른 파트너의 말과 행동을 해석하고 교환 의도를 결정한다. 정보공유나 맞춤화 및 고객을 돕고자 하는 판매원은 고객을 이용하고자 하는 의도를 가지고 있을 것이라고 의심되는 판매원보다 더욱 많은 신뢰를 받을 것이다.

끝으로 신뢰는 전이과정(transference process)을 통해 생겨날 수 있다. 신뢰는 신뢰를 받는 파트너로부터 직접경험이 조금 또는 전혀 없는 다른 사람에게 전이될 수 있다. 예를 들어 신뢰도가 높은 기업에 소속된 판매원은 그 기업에 대해 과거에 좋은 경험을 가진 구매자에게서 신뢰를 얻기가 더 쉬울 것이다(Milliman and Fugate 1988; Strub and Priest 1976). 이러한 사실은 본 연구의 외재적 요인의 도입에 대한 중요한 근거를 제시한다고 볼 수 있다. 신뢰는 전이될 수 있다는 사실은 쇼핑몰에 대한 타인의 평가가 그 평가를 들은 소비자에게 영향을 미칠 수 있음을 잘 나타낸다. 특히 거래상황에 대한 지각위험이 크고 직접 경험하지 않으면 판단하기가 어려운 구매상황에서는 신뢰의 전이과정은 신뢰형성에 매우 높은 설명력을 제공할 것으로 보인다.

1.5 신뢰의 분류

신뢰에 관한 기존의 연구들은 신뢰가 다차원적이며 일반화 정도, 신뢰형성 기간과 근거, 신뢰정도, 발전단계 및 수준에 따라 분류될 수 있음을 보여준다. 이러한 분류는 본 연구에서 다루는 신뢰의 의미를 명확히 한다는 점에서 의의가 있다.

1.5.1 일반화 정도

일반화 정도는 신뢰가 적용되는 범위를 의미하는 것으로 이 기준에 의하면, 일반적 신뢰(general trust)와 구체적 신뢰(specific trust)가 존재한다(Rotter 1971). 신뢰자 개인수준에서 이를 설명해 본다면, 개인은 다른 사람, 그룹 또는 기술에 대한 일반적 신뢰를 가지고 있을 수 있거나 또는 상대방(사람, 그룹, 기술)이 특정상황에서 특정한 방법으로 행동할 것이라고 신뢰할 수 있다. 이를 다시 오프라인과 온라인 상황으로 나누어 좀 더 구체적인 예를 들어 보면 다음과 같다. 먼저, 오프라인 상황에 있어 일반적 신뢰의 예로는 어떤 개인이 의사들(의사집단 전체)이 자신의 육체적 질병을 치료할 수 있는 의료 기술과 능력을 가지고 있다고 믿는 경우를 들 수 있다. 구체적 신뢰의 예로는 자신의 주치의가 일상적인 검사를 수행할 수 있지만 심장수술을 하지 못할 것이라고 믿는 경우를 들 수 있다. 온라인 상황에 있어 일반적 신뢰의 예를 들어보면, 정부 웹사이트가 시기적절하고 믿을 만한 정보를 제공할 것이라고 믿는 경우를 예로 들 수 있다. 반면 구체적 신뢰의 예로는 특정 인터넷 쇼핑몰(www.interpark.co.kr)이 평소에는 3일 내에 배송을 완료하고 있지만 명절과 같이 바쁜 경우에는 그렇지 못할 것이라고 믿는 경우를 들 수 있다. 따라서 본 연구의 대상이 되어 측정되는 신뢰개념은 인터넷 쇼핑몰이 제공하는 특정 기능에 대한 신뢰라기보다는 인터넷 쇼핑몰 자체에 대한 신뢰를 의미하므로 일반적 신뢰에 가깝다고 볼 수 있다.

1.5.2 신뢰형성 기간

신뢰관련문헌에서 신뢰를 전통적으로 분류하는 것 중 하나가 만성적 신뢰(slow trust)와 급성적 신뢰(swift trust)이다(Meyerson et al. 1996). 만성적 신뢰는 시간이 지남에 따라 서서히 생겨나며 전형적으로 장기적인 관계에서 볼 수 있는 신뢰형태이다. 이에 반해 급성적 신뢰는 상대적으로 빨리 형성되고 빨리 사라지는 신뢰형태를 말한다. 일시적인 작업집단의 개인들 간에 존재하는 신뢰가 급성적 신뢰의 대표적인 예라고 볼 수 있다. 한편, 만약 어떤 소비자가 경매 사이트로 유명한 옥션을 반복적으로 방문하여 거래하면서 신뢰를 가지게 된다면 만성적 신뢰를 가지게 되었다고 볼 수 있다. 이처럼 신뢰형성 기간에 따라 신뢰를 개념적으로 구분할 수 있으며 본 연구의 대상이 되는 신뢰는 만성적 신뢰에 가깝다. 왜냐하면 응답대상자들은 자신이 가장 자주 방문하는 곳을 지정하여 응답하도록 되어 있으므로 해당 쇼핑몰과의 접촉횟수도 많을 것이며 관계기간도 어느 정도 길 것으로 예상되기 때문이다. 또한 만성적 신뢰와 급성적 신뢰형성에 영향을 미칠 수 있는 선행변수 역시 상이할 것으로 예상할 수 있는데, 본 연구에서 제시한 선행변수를 예로 들면 급성적 신뢰는 쇼핑몰 명성이나 크기, 쇼핑몰 게시판에 적혀있는 타인의 평가 등에 의해 영향을 많이 받을 것으로 예상되고 만성적 신뢰는 기본적인 상호작용을 전제로 하고 있으므로 소비자가 지각하는 맞춤화, 반응성, 사생활 보호, 가상 공동체 지원 등에 의해 영향을 받을 것으로 보인다.

그리고 일반적으로 급성적 신뢰는 구체적 신뢰에 적용되는 경향이 있는 반면에 만성적 신뢰는 일반적 신뢰에 적용되는 경향이 있다. 그러나 소비자는 특정 웹사이트에 대해 급성적·구체적 신뢰를 가질 수도 있고, 특정 웹사이트에 대해 만성적·일반적 신뢰를 가질 수 있는데 본 연구의 신뢰는 만성적·일반적 신뢰에 더욱 가까운 개념으로 볼 수 있다.

1.5.3 신뢰형성 근거

Lewis와 Weigert(1985)는 신뢰 근거를 기준으로 인지적 신뢰와 감정적 신뢰로 구분하였다. 신뢰자는 신뢰대상이 객관적이고도 합리적인 특성을 가지고 있을 때 인지적 신뢰를 형성할 수 있으며 신뢰대상에 대한 강한 긍정적 감정에 의해 감정적 신뢰를 가질 수도 있다. Lewis 와 Weigert(1985)는 인지적 신뢰는 대규모 사회에서 거시적 차원에 전형적인 것이고, 감정적 신뢰는 1차 집단 또는 가까운 사람들 간의 모임이나 상황에 전형적인 신뢰라고 주장하였다. McAllister(1995)는 이에 대해 개인관계에서 두 종류의 신뢰가 모두 발생할 수 있다고 말한다. 사실 인지적 신뢰와 감정적 신뢰는 동일한 대상에 대한 동일한 사람에 있어 동시에 존재할 수 있다. 그러므로 인지적 신뢰와 감정적 신뢰를 하나의 동일 연장선상에서 보는 것이 최선이다(Picard 2002). 여기서 한 가지 고려해 볼 만한 사실은 관계기간에 따라 상대적으로 중요하게 여겨지는 신뢰는 달라질 수 있을 것이라는 점이다. 일반적으로 관계 초기에는 기업의 명성이나 크기와 같은 객관적인 사실에 기초하여 신뢰를 형성하게 되나 관계기간이 길어질수록 상호작용을 통해 형성되는 긍정적인 감정이 더욱 중요한 신뢰형성 요인이 될 것이라는 것을 예상할 수 있다.

1.5.4 신뢰정도

신뢰정도란 개인이 가지고 있는 신뢰의 깊이를 말한다. 신뢰정도는 기본적(basic) 신뢰, 보호된(guarded) 신뢰, 확장된(extended) 신뢰로 나뉜다(Brenkert 1998). 기본적 신뢰는 사회활동의 전제조건이 되는 기본적인 신뢰를 말한다. 오프라인 세계에서의 예를 들어 보면, 한 개인이 그의 이웃이 오늘 잘 지낸 것처럼 내일도 그러할 것이라고 믿는 것을 말한다. 보호된 신뢰는 공식적인 계약, 협약, 약속에 의해 보호되는 신뢰를 말한다. 그것은 시간상으로 한계가 있으며 신뢰대상이 계약, 협약, 약속을 수행할 수 있는 능력을 가지고 있다고 가정한다. 예를 들어 카센터에 가서 차를 맡길 때 카센터직원을 잘 알지 못하지만 그의 약속을 믿고 잘 고쳐줄 것으로 믿는 것을 말한다. 확장된 신뢰는 개방성에 기초한 신뢰를 말한다. 이는 서로 깊은 관계를 맺고 있어 공식적인 계약이 필요 없는 경우의 신뢰이다. 좋은 친구는 확장된 신뢰를 제공한다. 인터넷 구매를 하고자 하는 사람이 가질 수 있는 기본적, 보호된, 확장된 신뢰의 예를 들어보면 다음과 같다. 소비자가 온라인 거래에 참여하기 위해서는 기본적 신뢰를 가지고 있어야 한다. 즉 컴퓨터나 네트워크와 같은 온라인 거래를 가능하게 해주는 기본적인 기술에 대해 신뢰해야 한다. 그리고 잘 알지 못하는 인터넷 쇼핑몰에서 물건을 구매하기 위해 신용카드를 이용하려고 한다면 보호된 신뢰가 필요하다. 그리고 쇼핑몰에 보다 개인적인 정보, 즉 개인취향, 쇼핑 프로파일, 신용카드번호를 그 쇼핑몰에 저장함으로써 깊은 관계를 가지게 될 때 확장된 신뢰를 가지게 된다. 본 연구의 대상이 되는 신뢰 개념은 보호된 신뢰와 확장된 신뢰 모두와 관련이 있다고 볼 수 있다.

1.5.5 발전단계

신뢰는 또한 발전단계에 의해서도 나눠질 수 있다. Jarvenpaa 등 (1999)은 신뢰를 초기 신뢰(initial trust)와 성숙된 신뢰(mature trust)로 구분하였다. 예를 들어 어떤 사람이 처음으로 자동차 수리 회사에 차를 맡길 때 초기 신뢰를 가지다가 시간이 지남에 따라, 그 회사에 대한 지속적인 만족경험을 가진 후에 회사에 대한 성숙된 신뢰를 가지게 된다. 본 연구에서 제시된 신뢰는 응답자들이 가장 자주 방문하는 쇼핑몰에 대한 신뢰이므로 성숙된 신뢰에 가깝다고 볼 수 있다.

Lewicki과 Bunker(1996)는 신뢰정도(보호된 신뢰, 확장된 신뢰)와 신뢰 단계(초기 신뢰, 성숙된 신뢰)를 통합하여 보다 발전된 신뢰발전단계를 제시하였다. 신뢰는 지속적으로 발전한다고 가정하고 신뢰의 발전과정을 억제기반(deterrence-based)신뢰, 지식기반(knowledge-based)신뢰, 동일시기반(shared identification-based) 신뢰 순으로 제안하였다.

억제기반 신뢰는 계약과 처벌의 위협에 의해 보호되는(guarded) 초기 신뢰로 정의된다. 지식기반 신뢰는 신뢰대상에 대한 지식과 신뢰대상의 행동에 대한 예측능력에 의해 생길 수 있는 신뢰의 중간단계를 말한다. 동일시기반 신뢰는 공식적인 계약이나 협약에 대한 필요가 없는 확장된(extended) 성숙 신뢰(mature trust)를 말한다. 억제기반 신뢰의 예로는 옷을 세탁소에 처음 맡길 때 생겨나는 것으로 나는 내 옷이 깨끗하고 안전하게 다시 내게로 돌아올 것이라고 믿는다. 왜냐하면 나의 주문과 소유권을 증명해주는 영수증을 가지고 있기 때문이다. 지식기반 신뢰는 같은 세탁소에 자주 가게 될 때 생겨난다. 세탁소 주인은 나와 나의 세탁물의 필요사항을 잘 알게 되고 나는 그들의 세탁 서비스에 대해 잘 알고 좋아하게 되어 더 이상 세탁물의 안전한 반환을 위해 영수증을 소지할 필요가 없게 된다. 끝으로 신뢰는 동일시 기반신뢰로 발전하는데 이 단계에서 나는 세탁소 주인이 좋은 거래관계에 대한 공통된 이해를 가지고 있다고 확신하는 단계이다. 즉 나는 더 이상 나의 세탁물에 대해 일일이 말해줄 필요가 없다. 왜냐하면 세탁소 주인의 나의 성향을 잘 알고 있기 때문이다. 또한 나는 이용할 수 있는 쿠폰이 있는데도 불구하고 혹시 내가 잊어버리고 안 냈을지라도 주인이 스스로 알아서 쿠폰을 낸 것과 같은 가격을 제시해 줄 것을 믿는다. 따라서 이러한 거래관계는 매우 친숙하게 되어 비구두 또는 암시적으로 서로의 뜻을 헤아릴 수 있게 된다. 이는 또한 인터넷 쇼핑몰에 대해서도 적용될 수 있다. 즉 초기단계에서 신뢰자는 인터넷 쇼핑몰과 관련된 위험이 많지 않고 보상과 처벌에 대한 인지된 시스템이 존재하는 경우에는 신뢰행동을 한다. 중간단계에서 신뢰자는 인터넷 쇼핑몰에 대한 약간의 경험과 친밀감이 있어 그러한 지식이 행동을 예상할 수 있어 신뢰하게 된다. 가장 발전된 단계에서는, 가장 깊은 신뢰가 형성되는데 이 단계에서 신뢰자는 자신의 관심사항에 대해 웹사이트가 깊은 관심을 가지고 있으며 더 이상 거래에 관련된 위험을 고려할 필요가 없다고 기대한다. 이러한 계산은 초기단계에서의 관련위험, 보상, 처벌의 계산이나 중간단계에서의 지식에 기초한 예상으로 가능하다. 가장 발전된 단계는 이용자와 웹사이트 간의 정체성의 공유도 포함하기도 한다.

제2절 온라인 신뢰에 관한 연구

웹사이트와 인터넷 기술의 보급이 확대됨에 따라 웹사이트 성공에 영향을 미치는 요인에 대한 관심이 증대되고 있다. 여러 성공요인 중에 신뢰가 핵심요인임은 여러 연구에서 밝혀졌다(Cheskin Research and Studio Archetype/Sapient 1999; Jarvenpaa et al. 1999; Marcella 1999; Sisson 2000). 현재 신뢰는 인터넷을 통해 정보, 서비스, 제품을 제공하고 있는 개인이나 조직이 관심을 가지고 있는 중요개념이다(Cheskin Research and Studio Archetype/Sapient 1999; Nielsen et al. 2000).

이러한 온라인 신뢰에 관한 연구는 오프라인 신뢰에 관한 연구에 기반을 두어 이루어질 수 있다. 오프라인 신뢰에 관한 연구결과들은 온라인 환경에서도 적용될 수 있는 것으로 보인다. 즉 오프라인 환경

다차원적 e-trust 형성과정 모형

에서 신뢰가 위험, 두려움 그리고 복잡성을 감소시키는 것처럼, 온라인 환경에서도 신뢰는 그러한 기능을 수행할 수 있다. 또한 오프라인 환경에서 신뢰는 조정과 협동을 만들어낼 수 있듯이, 온라인 환경에서도 신뢰는 교환 당사자 간의 조정과 협동을 이끌어 낼 수 있다. 결국 신뢰가 없이는 오프라인 환경과 마찬가지로 건강하고 상호작용적인 온라인 환경이 존재할 수 없다(Corritore et al. 2003).

2.1 온라인 신뢰관련 분야의 연구들

본 연구의 주제인 온라인 신뢰는 다양한 분야의 신뢰연구 결과에 기초하고 있다. 따라서 온라인 신뢰의 개념을 정의하고 온라인 신뢰와 관련된 선·후행 변수들 간의 구체적인 관계를 밝히기 전에 다양한 학문분야에서 이루어지고 있는 신뢰연구를 정리하고 이해하는 것은 온라인 신뢰를 이해하는 데 도움이 될 것이다. 여기서는 조직관리, 마케팅, HCI(Human-Computer Interaction)분야에서 이루어진 신뢰관련 연구를 고찰한다.

먼저, 조직관리 또는 인적자원관리 분야에서 신뢰는 종업원 만족의 예측지표가 되고(Driscoll 1978), 불확실성을 감소시키며(Mayer et al. 1995), 조직통제의 중요한 수단이며(Creed and Miles 1996), 거래비용을 감소시키는 메커니즘 역할(Wicks et al. 1999)을 하는 것으로 알려져 있다. 신뢰는 또한 조직 내에서 종업원 성과에 대한 비금전적 보상으로서도 가치가 있다(Pearce et al. 2000).

온라인 환경에서 인터넷과 같은 컴퓨터 매개 기술의 도입은 조직 관리에 있어 신뢰의 중요성을 높여주기 때문에 신뢰문제는 중요한 주제가 되고 있다(Zuboff 1982). Handy(1995)도 가상조직을 구축하고자 하는 기업에게 있어 신뢰는 중요한 개념이라고 제시하였다. Shankar 등(2002)은 글로벌 가상 직무환경은 조직 내 신뢰에 영향을 미친다고 하였으며 글로벌 가상 조직 내에서 신뢰를 형성하고 유지하는 것은 도전할 만한 가치가 있으며 그로 인해 형성된 신뢰는 일시적이거나 깨질 가능성도 높다(Jarvenpaa and Leidner 1999).

신뢰는 다양한 방법으로 정의되고 있는데, '상대방의 기회주의적 행동에 노출되고자 하는 의지'(Mayer et al. 1995), '상대방에 협조적인 행동에 취할 가능성'(Hwang and Burgers 1997), '상대방이 정직하고 호의적으로 행동할 것이라는데 대한 믿음'(McKnight et al. 1998) 등으로 정의되고 있다.

조직분야에서의 신뢰에 관한 많은 연구는 조직 내 또는 조직 간 신뢰에 관련된 연구들로(Jarvenpaa and Leidner 1999; Pearce et al. 2000; Zaheer et al. 1998) 이들 연구가 종업원이나 조직 관점에서 신뢰를 연구하고 있지만 고객관점에서 본 온라인 신뢰와 관련이 있다고 볼 수 있는데 이는 조직이나 개인에 대한 신뢰연구는 상호관련이 있기 때문이다(Zaheer et al. 1998).

조직 내 신뢰연구에서 밝혀진 신뢰의 선·후행 변수들은 온라인 신뢰와 관련 있을 수 있다. Zaheer 등(1998)은 조직 간 신뢰와 개인 간 신뢰 모두 기업성과에 영향을 미친다는 것을 밝혔다. 즉 신뢰는 불확실성 감소와 조직성과에 영향을 미친다고 볼 수 있다. 이러한 연구결과는 온라인 신뢰에 중요한 시사점을 제공할 수 있다. 즉 온라인 상황에서도 신뢰는 인터넷상에서 서비스를 제공하는 기업의 예측가능성에 대한 이해관계자들의 기대로 개념화될 수 있으며, 만족과 불확실성 감소에 대한 신뢰의 영향은 인터넷상에서도 여전히 유효할 것으로 예상된다.

다음으로 마케팅 분야에서 신뢰는 관계마케팅 패러다임하에서 중요한 개념으로 다루어지고 있다. 왜냐하면 신뢰는 기업의 관계마케팅 전략에서 기존 고객의 유지에 핵심적인 역할을 하는 것으로 인식되고 있기 때문이다(Doney and Cannon 1997; Dwyer et al. 1987; Ganesan 1994; Kumar 1996; Morgan and Hunt 1994). 본 연구에서도 해당 쇼핑몰의 기존 고객을 대상으로 하고 있으므로 기존 고객의 유지 및 충성도 제고 수단으로서 신뢰는 중요한 역할을 할 것으로 본다.

판매자에 대한 구매자의 신뢰의 선행변수에는 판매자가 믿을 만하고 일관되고 공정한 행동을 할 것이라는 평판(Ganesan 1994), 구매자에 의한 관계특유투자(relationship-specific investment), 판매자의 크기(Doney and Hunt 1994), 판매자에 대한 구매자의 경험(Anderson and Weitz 1989; Ganesan 1994), 판매자의 기회주의 행동(Morgan and Hunt 1994) 등이 포함된다. 이러한 선행 변수들은 인터넷 쇼핑몰에 대한 신뢰에도 적용가능한 것으로 보인다. 특히 명성 있는 점포 브랜드 또는 제품 브랜드는 웹 기반 관계마케팅에서 신뢰형성의 주요 요소이다(Davis et al. 1999). 브랜드에는 기업이 과거에 신뢰를 제공해 줄 만한 활동여부를 나타내는 모든 단서들이 내재되어 있으므로, 인적 접촉이 없는 경우 신뢰형성을 가능하게 하는 품질과 보증의 상징이 될 수 있다.

신뢰의 결과변수로는 장기적 교환관계(Ganesan 1994)와 협동(Morgan and Hunt) 등이 있다. 이러한 긍정적인 결과변수들이 존재하지만, 배달이나 가격, 제품성능 등이 우수하다면 판매 기업이나 판매원에 대한 신뢰가 판매자 선택에 영향을 미치지 않을 수도 있다(Doney and Cannon 1997). 그러나 가격과 제품성능이 구매자의 신뢰에 영향을 미치고 이는 다시 판매자 선택에 영향을 미칠 수 있다고 볼 수 있기 때문에 가격 및 제품 성능 등이 신뢰와 관계없다고 볼 수는 없을 것 같다. Geyskens 등

(1998)은 관계마케팅 분야의 신뢰에 관한 메타분석에서 환경 불확실성, 자기 의존성, 상대방의 강압적 힘 사용, 커뮤니케이션의 질은 신뢰의 선행변수이고 만족과 장기 지향성은 후행변수임을 밝혔다.

이러한 연구결과는 온라인 신뢰연구에도 적용가능한데, 기업의 명성, 크기, 사용자의 과거 경험, 기업에 대한 사용자의 의존성, 기업과 사용자 간의 커뮤니케이션 등은 온라인 신뢰의 잠재적인 선행변수가 될 수 있다. 또한 웹사이트에 대한 만족, 몰입, 장기적 상호작용은 온라인 신뢰의 결과변수가 될 수 있다. 그러나 온라인 신뢰에는 또 다른 차원의 선행변수 및 후행변수들이 존재할 수 있다(Shankar et al. 2002).

끝으로 인간-컴퓨터 상호작용(HCI) 분야의 연구결과들을 살펴보고자 한다. HCI 분야의 신뢰 연구는 컴퓨터 매개 의사소통에서의 신뢰의 역할과 선행변수에 대해 연구하고 있다. 신뢰의 선행변수로 컴퓨터 오류, 설계와 인터페이스 요소에서 지각된 웹사이트 신뢰가치성, 컴퓨터 기술을 사회적 활동체로 지각하고 반응하는 정도 등이 언급되고 있다. 이와 관련된 다양한 연구결과는 다음과 같다.

인간공학(ergonomics) 분야의 연구에서는 인간-기계 시스템 내에서 신뢰가 어떻게 생성, 유지, 상실, 재획득되는지를 검증하였다. 신뢰는 사용자의 컴퓨터와의 상호작용을 조절하는 매개변수로 밝혀졌다(Muir 1994). Muir와 Moray(1996)는 자동화된 기계에 대한 신뢰는 대부분 기계의 전문성/성능에 기초하고 있다고 주장하였다. 자동화된 기계에 대한 신뢰에 대한 실증연구에서도 오류가 없는 한 기계의 성능과 신뢰는 유사한 학습곡선 형태로 증가하였다(Lee and Moray 1992). 그러나 기계오류는 신뢰에 부정적인 영향을 미치는 것으로 나타났으며 오류의 정도는 신뢰손실에 중요한 요인이다(Lee and Moray 1992; Muir and Moray 1996; Kantowitz et al. 1997). Lee와 Moray(1992)

다차원적 e-trust 형성과정 모형

는 오류의 크기에 비례해서 신뢰가 상실된다는 것을 발견하였다. 만약 오류가 반복되지 않고 성능이 곧바로 회복되더라도 이전수준까지의 신뢰회복은 훨씬 더 많은 시간이 걸린다. 작은 오류의 누적 또한 신뢰를 감소시킨다(Lee and Moray 1992; Muir and Moray 1996). 그리고 이러한 작은 오류들은 단일의 큰 오류보다 신뢰에 훨씬 더 심각하고 장기적인 영향을 미치는 것으로 나타났다. 한편 작은 오류들이 계속될 때에도 사용자가 오류에 대해 잘 이해하고 오류를 보정할 수 있다면, 신뢰 회복은 이루어질 수 있다. 하지만 오류 이전 수준의 신뢰로의 회복은 되지 않을 수 있다(Lee and Moray 1992; Muir and Moray 1996). 따라서 쇼핑몰 이용자가 구매과정에서 경험하는 쇼핑몰의 기술적인 측면에 대한 인식은 쇼핑몰 신뢰에 중요한 영향을 미칠 수 있음을 알 수 있다. 이러한 기술적인 측면과 관련 있는 연구결과로 연결 끊김 (broken links), 진부한 정보, 잘못된 이미지와 다운로드 문제 등이 있다(Nielsen et al. 2000). Stanford 등(2002)은 일반 소비자들은 웹사이트를 평가할 때, 웹사이트 디자인에 매우 많이 의존하는 반면 전문가들은 정보의 질에 관련된 요인에 초점을 맞추고 있다는 사실을 발견하였다. 웹사이트가 존재함으로써 생기는 용이한 접근성도 쇼핑몰 평가의 긍정적인 단서로 작용한다(Nielsen et al. 2000). 웹사이트의 인간적 이미지 사용에 관한 연구결과들은 서로 엇갈리는데, 어떤 연구에서는 그러한 이미지 사용이 긍정적인 것으로 나타났으며(Nielsen et al. 2000; Fogg et al. 2001; Steinbruck et al. 2002), 다른 연구에서는 중립적이거나 부정적인 영향을 미치는 것으로 나타났다(Riegelsberger and Sasse 2001). 제3자 신뢰 로고나 인증서 표식의 가치 역시 명확치 않다. 이러한 결과는 사용자들이 주의 깊게 보지 않거나 그것에 연연해하지 않기 때문인 것 같다(Nielsen et al. 2000).

정보내용 또한 신뢰단서를 제공한다. 목표청중에 적절하고 유용한 정보를 제공하는 것은 웹사이트 신뢰가치성에 강력한 영향요인이 된다는 사실이 확인되었다(Shelat and Egger 2002). 또한 광고와 정보를 섞는 것은 오히려 부정적인 영향요인이 되는 것으로 나타났으며(Fogg et al. 2001b; Jenkins et al. 2003), 생소한 제품에 대한 배너광고(Fogg et al. 2001), 친절하지 못한 오류메시지(Nielsen et al. 2000) 등도 부정적인 영향을 미치는 것으로 나타났다. 반면 전문성, 광범위한 정보, 정직함, 오류의 부재, 웹사이트와 사용자 간의 공유된 가치 등은 신뢰에 긍정적인 영향을 미치는 것으로 나타났다(Lee et al. 2000; Nielsen et al. 2000; Fogg et al. 2001).

2.2 온라인 신뢰의 개념

모형개발에 필요한 온라인 신뢰의 선행변수를 밝히기 위해, 온라인 신뢰의 개념을 명확히 하고자 한다. 이는 상대적으로 단순해 보일 수 있지만, 온라인 신뢰를 정의한다는 것은 본질적으로 어려운 일이다(Husted 1998).

2.2.1 온라인 신뢰 관계

먼저 온-오프라인에서 이루어지는 신뢰자와 신뢰대상 간에 존재할 수 있는 여러 관계에 대해 살펴보고자 한다. 심리학자, 사회학자 그리고 다양한 학문분야의 연구자들이 오프라인에서 이루어지는 신뢰자와 신뢰대상 간의 여러 가지 관계형태에 대해 논의하였다(Deutsch 1958, 1960, 1962; Rotter 1967, 1971, 1980; Baier 1986; Good 1988; Giddens 1990;

Macy and Skvoretz 1998). 신뢰자와 신뢰대상은 개인 또는 그룹이 될 수 있다. 그룹에는 가족, 이웃, 조직체 또는 사회 등이 포함될 수 있다.

온라인 환경에서 신뢰자와 신뢰대상 간의 관계를 정의하는 데 있어 두 가지 접근방법이 존재한다(Corritore et al. 2003). 컴퓨터 매개 커뮤니케이션 연구자들은 기술을 매개로 한 개인 간 신뢰관계를 연구한다(Olson and Olson 2000). 반대로 어떤 연구자들은 기술을 신뢰대상으로 하여 신뢰를 연구한다. 본 연구에서는 웹사이트가 신뢰대상이 될 수 있다고 제안한다. 전통적인 심리학이나 사회학에서는 기술을 신뢰의 대상으로 여기지 않는다. 그러나 다른 연구 분야에서는 기술도 신뢰의 대상이 될 수 있다고 주장한다. 예를 들어, 지능 에이전트과 같은 연구 분야에서는 소프트웨어 에이전트에 대한 신뢰문제를 연구하고 있으며 이러한 에이전트를 신뢰의 대상으로 인정하고 있다(Sycara and Lewis 1998; Wong and Sycara 1999). Reeves와 Nass(1996)는 사람들이 어떻게 신기술을 실제사람처럼 대하는지를 검증하였고, 연구범위를 확대하여 신뢰의 대상으로 여기는가도 연구하였다. 그들은 컴퓨터에 대한 응답자들의 반응을 연구하기 위해 일련의 실험을 실시했으며, 연구결과 사람들은 컴퓨터, 웹사이트 그리고 다른 새로운 매체와 관계를 맺는 것으로 나타났다. 그들은 또한 사람들이 사회적 관계에 적용되는 규칙에 기초하여 기술에 반응하는 것처럼 보인다는 것을 지적하였다. 사람들은 그들의 컴퓨터에 대해 정중하거나 무례하기도 하고, 컴퓨터를 주장이 강하기도 하고, 소심하기도 하고, 도움이 되기도 하는 것으로 여기기도 하고 컴퓨터에 대해 물리적 반응을 보이기도 했다(Nass et al. 1994, 1995, 1996; Reeves and Nass 1996). 이런 연구결과들은 도덕적 에이전시(moral agency)라는 또 다른 이슈를 제기한다. 철학자들은 도덕적 에이전시를 의도성과 자유의지를 가진 어떤 것으로 정의한다

(Solomon and Flores 2001). 그들은 도덕적 에이전시만이 자신의 의지대로 해악을 끼치지 않거나 선을 행할 수 있기 때문에 신뢰가치가 있고 따라서 도덕적 에이전시만이 신뢰의 대상이 될 수 있다고 주장한다. 따라서 기술은 자발적인 의도성을 가지지 않기 때문에 신뢰의 대상이 될 수 없다는 것이다. 그러나 Reeves와 Nass(1996)는 컴퓨터와 소프트웨어가 의도성과 자유의지가 없는 도덕적 에이전시가 아닐지라도, 이러한 기술들은 사회적 실재를 가지고 있는 사회적 활동체(social actor)라고 주장하였다. 사람들은 바로 이 사회적 실재에 반응하는 것이다. 컴퓨터도 사회적 관계의 참여자인 것이다. 따라서 이러한 기술들은 신뢰의 대상이 되기 위해 도덕적 에이전시가 될 필요는 없다는 것이 그들의 논리인 것이다.

2.2.2 온라인 신뢰의 개념

앞서 언급한 바와 같이, 신뢰는 신뢰자와 신뢰대상 간의 다양한 관계들 속에 존재한다. 그러한 모든 형태의 온라인 신뢰관계가 하나의 정의에 의해 이해될 수는 없다. 그러므로 본 연구에서는 개인과 특정 웹사이트라는 하나의 신뢰관계에 한정하여 온라인 신뢰를 정의하고자 한다. 따라서 본 연구모형에서 신뢰대상은 웹사이트이다. 여기서 웹사이트라는 용어는 기본적인 인터넷 기술, 웹사이트와의 상호작용적인 이용자 경험, 또는 웹사이트 이면에 있는 사람들을 지칭할 수 있다. 본 연구에서는 웹사이트를 오프라인 세계에서 판매원과 점포 모두의 특징을 가진 존재와 같은 것으로 간주한다.

본 연구범위를 한정하기 위해, 채팅, 이메일, 메신저, 교육 또는 게임사이트는 연구의 범위에서 제외한다. 이것들은 신뢰의 대상으로서 웹사이트에 초점을 맞추기보다는 주로 인터넷 기술을 통한 개인들 간의 의사소통을 촉진하게 하는 경향이 있기 때문이다. 정보제공을 주목적으로 하는 웹사이트와 거래를 주목적으로 하는 웹사이트에 있어 신뢰의 형태가 다르게 나타날 수 있으나 정보와 제품이 교환되는 상황에서 신뢰가 중요한 역할을 한다는 점은 공통적인 특징이라고 할 수 있다.

본 연구에서는 온라인 신뢰에 관한 개념적 정의를 Corritore 등(2003)의 정의를 사용하여 온라인 신뢰를 '온라인 위험이 존재하는 상황에서 자신의 취약성이 기회주의적으로 이용되지 않을 것이라는 확신 있는 기대'로 정의하고자 한다.

2.3 온라인 신뢰의 선·후행변수

정보시스템과 e-비즈니스 관점에서의 신뢰연구는 시간이 갈수록 양과 질적인 면에서 풍부해지고 있다(Shankar et al. 2002). 신뢰는 웹사이트를 포함한 신기술수용에 있어 중요하다(Fukuyama 1995). 전자상거래 환경은 매우 불확실하므로, 기업들은 인터넷상에서 기회주의적으로 행동할 수 있으며 이는 그들의 행동을 예측하기 어렵게 만든다. 그러므로 온라인 신뢰문제는 매우 중요한 의미를 가진다.

여러 연구에서 온라인 신뢰의 선행변수를 검증하여 그 결과를 제시하였다. Jarvenpaa 등(1999)은 과거경험, 장기지향성, 긍정적인 신뢰성향, 통제감에 의해 신뢰가 형성된다고 하였으며 신뢰성향은 Urban 등(2000)은 정보의 양, 질, 시의 적절성과 가상공간에서의 타인의 조언이 신뢰를 강화시킨다고 주장하였다. 여기서 타인의 조언은 일반적으로 말하는 구전정보를 말하는 것으로 본 연구에서는 오프라인 구전정보와 온라인 구전정보로 나누어 검증하고자 한다.

　온라인 신뢰에 관한 또 다른 잠재동인에는 사이트 수명, 제품의 선택, 온라인 커뮤니티, 해당사이트와 연결된 사이트, 사이트 내의 검색엔진, 프라이버시 등이 포함된다(Smith et al. 2000). Hoffman 등 (1999)은 온라인 신뢰의 핵심요인으로 안전성과 사생활보호를 들고 있다. 그들은 웹 공급자의 행동을 통제할 수 있는 능력이나 환경적 통제가 안전성과 사생활보호에 대한 인식에 직접적으로 영향을 미친다고 하였다. Jarvenpaa 등(2000)은 지각된 크기와 지각된 명성이 전자점포의 신뢰에 영향을 미친다고 하였다. Sultan 등(2002)은 소비자의 신뢰지각은 웹사이트 특성과 소비자 특성에 의해 결정된다고 주장하였다. Lee와 Turban(2001)은 인터넷 쇼핑에 대한 소비자 신뢰는 인터넷 소매업자의 신뢰가치성, 인터넷 쇼핑 매체의 신뢰가치성, 환경적 요인에 의해 형성되며 개인의 신뢰성향은 신뢰선행변수와 신뢰 간의 조절효과를 가진다고 제안하였다. Fogg 등(2001)은 미국과 유럽에 있는 1400여 명의 학생을 대상으로 신뢰와 관련 있는 51개의 웹사이트 구성요소를 평가하게 하여 웹사이트 신뢰에 대한 인식을 연구하였다. 연구결과에 의하면, 현실감(real-world feel), 사용용이성(ease of use), 전문성, 신뢰가치성, 맞춤화 등이 순서대로 쇼핑몰 신뢰에 영향을 미치는 것으로 나타났다. Yoon(2002)은 전자상거래에 있어서의 온라인 구매의사결정에 관한 소비자 신뢰의 형성과 역할에 대한 모델을 이론적으로 제시하고 그 모형의 유효성을 시뮬레이션과 설문조사를 통해 평가하였다. 모형의 검증을 위하여 신뢰가 성립하기 위한 선행변수(거래 안전성, 웹사이트 실체성, 검색 기능성, 개인적 변수)와 매개변수 (웹사이트 인지도), 그리고 결과변수(구매의향)로 구성된 연구모형의 변수 간의 상관관계와 인과관계를 검증하였다. 122명의 대학생을 연구

참여자로 선정하여 전산실에서의 통제된 시뮬레이션 상황에서 실행된 본 연구의 주요 분석결과는 다음과 같다. 첫째, 웹사이트 신뢰도는 사이트개설 기업의 인지도와 평판과 같은 이미지 변수에 유의하게 반응하였으나 웹사이트 만족도는 웹사이트의 실체성(제품 속성의 명확성과 제품 선택의 다양성)에 더 민감하게 반응하였다. 둘째, 선행변수 중 개인적 요인인 전자상거래의 친밀도와 전자상거래의 만족적 경험은 웹사이트 신뢰도 및 만족도와 상관관계가 있음이 판명되었다. 셋째, 웹사이트 신뢰도와 만족도 그리고 인지도 모두가 온라인 구매의향에 영향을 주는 것으로 나타났다. 넷째, 웹사이트 신뢰도는 만족도와 높은 상관관계를 가지는 것으로 나타났다.

본 연구에서는 이러한 온라인 신뢰의 선행변수들을 기업요인, 쇼핑몰 운영요인, 외재적 단서로 체계적으로 분류하여 제시하고자 한다. 즉 기업요인에는 쇼핑몰 명성과 크기, 쇼핑몰 운영요인에는 맞춤화, 반응성, 사생활보호, 가상 공동체 지원, 외재적 요인에는 오프라인 구전정보와 온라인 구전정보가 포함된다.

그리고 온라인 신뢰의 결과변수에 관한 연구들은 다음과 같다. Sultan 등(2002)은 온라인 신뢰는 구매와 충성도와 같은 소비자 행동의도에 유의한 영향을 미친다는 사실을 검증하였다. 그들의 핵심적인 연구결과는 소비자요인과 사이트 요인이 행동의도에 영향을 미칠 때, 신뢰는 조절효과를 한다는 점이다. 또한 신뢰는 태도와 위험지각에 영향을 미치고 이에 따라 쇼핑몰에서의 구매의도에 영향을 미친다(Jarvenpaa et al. 2000). Yoon(2002) 역시 웹사이트에 대한 신뢰는 구매의도에 긍정적인 영향을 미친다는 사실을 검증하였다.

본 연구에서 온라인 신뢰의 결과 변수로 쇼핑몰 충성도만을 설정하여 살펴보고자 한다. 왜냐하면 설문응답자가 이미 해당 쇼핑몰을 자주

방문하는 기존고객이기 때문에 이러한 기존고객의 장기적인 관계지향
성을 가장 잘 나타내고 다른 개념들, 즉 구매의도, 추천의도 등을 모두
포함할 수 있는 개념이 바로 쇼핑몰 충성도라는 개념이기 때문이다.

<표 2-2> 온라인 신뢰에 관한 연구

연구자	연구대상과 분석주제	결 과
Cheskin Report (1999)	고객: 신뢰가치성의 구성요소	6가지 신뢰가치성 제시: 안전보장, 브랜드, 거래수행능력, 검색의 용이성, 프리젠테이션, 기술
Jarvenpaa 등 (1999)	고객: 인터넷점포에 대한 신뢰	EC초기단계와 후기단계에 따라 다른 신뢰. 신뢰는 장기지향성, 신뢰성향, 통제감에 의해 형성
Dayal 등 (2000)	고객: 온라인 신뢰의 구성요소	안전성, 업주의 적법성, 판매수행능력은 온라인 신뢰의 핵심요소이고 고객통제, 사이트분위기, 소비자 협동의지는 차별화 요인
Hoffman 등 (2000)	고객: 온라인 신뢰 향상 방법	웹 공급자의 행동을 통제할 수 있는 능력이 안정성과 프라이버시에 영향. 신뢰는 안정성과 프라이버시에 의해 영향 받음
Jarvenpaa 등 (2000)	고객: 인터넷점포에 대한 신뢰의 선후행 변수	지각된 크기, 지각된 평판, 고객만족이나 환불/반품정책 알림 등이 신뢰의 선행변수이고, 태도, 위험지각, 구매의도 등이 신뢰의 후행변수
Palmer 등 (2000)	고객, 중간상: 온라인 신뢰 향상 방법	프라이버시 보호정책과 3자개입이 신뢰향상에 기여
Schneiderman (2000)	고객: 온라인 신뢰 향상 방법	과거 수행성과, 과거/현재 이용자의 추천, 제3자 인증, 검색용이성, 프라이버시 보호정책 등이 선행변수
Smith 등 (2000)	고객: 온라인 신뢰의 지표	사이트 수명, 제품선택, 온라인 공동체, 타 사이트와의 연계, 사이트 내의 검색엔진, 프라이버시가 온라인 신뢰의 지표
Urban 등 (2000)	고객: 온라인 신뢰를 향상방법	가상조언자(virtual advisor), 정확한 정보, 약속이행, 판매수행능력이 신뢰의 선행변수

다차원적 e-trust 형성과정 모형

연구자	연구대상과 분석주제	결 과
Fogg 등 (2001)	고객: 웹사이트 신뢰의 동인	현실감, 사용편의성, 전문성, 신뢰가치성, 맞춤화 순으로 웹 신뢰에 영향 미침.
Lee과 Turban (2001)	고객: 신뢰의 선행변수	인터넷 소매업자의 신뢰가치성, 인터넷쇼핑 매체의 신뢰가치성, 상황적 요인 등이 선행변수이고 개인의 신뢰성향은 조절효과를 가짐
Mathew 등 (2001)	고객: 온라인 신뢰를 강화하는 방법	신용카드 손해배상, 제품보증과 반품정책, 조건부승인 서비스, 인적 고객서비스, 사용자 인터페이스
Pan 등 (2002)	고객: 인터넷 업체 간의 방문 량과 가격비교	신뢰는 사이트 방문에 긍정적인 영향을 미치지만 가격에는 유의한 영향을 미치지 못함.
Shankar 등 (2002)	고객, 파트너: 온라인 고객 지원에 있어 신뢰역할	신뢰는 지각된 정보유용성과 문제해결, 문제해결과 고객만족 간의 관계에 조절효과 가짐.
Shankar 등 (2002b)	이해관계자: 온라인 신뢰의 선후행변수	신뢰의 선행변수를 웹사이트 특성, 이용자 특성, 기타요인으로 구분하고 후행변수로는 행동의도, 만족/충성도, 기업성과를 제시.
Sultan 등 (2002)	고객: 온라인 신뢰의 결정 요인과 결과변수	웹사이트와 소비자의 특징이 웹 행동의 선행변수이고 신뢰는 이 둘 간의 조절효과를 가짐.
Yoon(2002)	고객: 소비자 신뢰의 선후행 변수	기업인지도, 평판, 소비자 친밀성, 과거만족경험 등이 선행변수이고 구매 의도는 후행변수임.
Corritore 등 (2003)	고객: 온라인 신뢰의 결정요인	개인관련 심리적, 물리적 환경과 웹사이트의 신용, 사용편의성, 위험에 대한 지각이 온라인 신뢰의 선행변수
Gefen 과 Straub (2004)	고객: e-Trust의 선후행변수	사회적 실재감이 e-Trust의 선행변수이고 구매의도가 후행변수이며 신뢰성향과 웹사이트 친숙성은 통제변수임.

자료원: Shankar et al.(2002) 추가편집

제3절 사회적 실재감(Social presence)

사회적 실재감은 매개된 환경하에서 발생하는 실제 사람을 마주 대하고 있다는 느낌(degree of person-to-person awareness)이다. 여러 학자들은(McBride and Bazley 1997; Rice 1993; Spears and Lea 1992; Towell and Towell 1997) 사회적 실재감이 향후 연구에서 중요한 개념임을 강조해 왔다. Williams와 Christie(1976)는 사회적 실재감이 사회적 환경에서 생기는 가장 중요한 지각이고, 면대면 원거리 의사소통을 이해하는 데 있어 핵심적인 개념이라고 주장하였다. 그 후에 Rice(1993)는 사회적 실재감이 컴퓨터 매개 의사소통(CMC)을 특징짓는 개념이라고 하였다.

3.1 사회적 실재감의 개념

일찍이 매개된 커뮤니케이션 상황의 특수성에 주목한 연구들은 이를 '얼마나 현실처럼 느끼는가'의 문제를 중요하게 다루고 있다. 매개된 커뮤니케이션에서의 실재감을 'presence'의 개념으로 제시한 연구에서는 이를 "매개되지 않은 것 같은 환영(Lombard and Ditton 1997)" 혹은 "어떤 환경에 존재한다는 감각을 가지는 동시에 대상이 되는 객체 또한 동등하게 존재한다고 지각하는 것(Biocca 1992)" 등으로 정의하였다. Rafaeli(1988)는 실재감을 "상호작용으로 발생하는 관계성으로 유도되는 참여성과 사회성"으로 정의하면서 'social reality'라는 용어로 표현하였다. 이 밖에도 다양한 분야에서 사회적 실제감(social realism), 지각된 실제감(perceptual realism) 등의 용어를 표현되고 있다(Lombard and Ditton 1997). 사회적 실재감(social presence)은 "어떤 매체를 이용함에 있어서 커뮤니케이션 상대방과 서로 직접 만나서 대화하는 것과 흡사하게 느끼는 정도"를 의미하므로(Short et al. 1976) 커뮤니케이션 상황에서 송·수신자가 실제로 존재하고 있음을 전제하고 있다. 또한 사회적 실재감은 상호작용 과정에서 다른 사람에 대한 인지와 그에 따른 상호 인적관계에 대한 인식으로 정의된다(Rice 1993; Walther 1992; Walther and Burgoon 1992). Biocca(1997)는 사회적 실재감은 개인이 다른 사람의 생각, 의도, 감성을 느끼는 정도라고 제안하였다. Tu와 McIssac(2002)는 온라인 학습 환경하에서의 사회적 실재감을 CMC상에서 제3의 지식 실체와 연결되어 있다는 느낌, 지각, 반응의 정도로 정의하였다. 그런데 쇼핑몰에 대한 신뢰에 부정적인 영향을 미치는 요인인 사이버 공간에서의 낮은 현실인식은 비대면 커뮤니케이션 상황과 비인적 매체를 매개로 한다는 사이버공간의 특수성을 모두 고려한 '사회적 실재감'의 개념으로 설명할 수 있다.

따라서 본 연구에서는 기존의 인터넷 쇼핑몰 신뢰연구들이 간과하고 있는 신뢰의 선행변수로서 사회적 실재감을 도입함으로써 인터넷 환경적 특징을 반영한 신뢰모형을 제시하고자 한다. 쇼핑몰 신뢰에 영향을 미치는 선행변수로 소비자 특성이나 사이트 특성은 다양하게 연구되고 있으나 인터넷 쇼핑몰이 위치하고 있는 사이버 공간이 가지는 환경적인 특징을 제대로 반영한 연구는 매우 부족한 실정이다.

3.2 온라인 학습에서의 사회적 실재감

면대면 환경에서 사회적 실재감과 관련 있는 두 가지 개념은 친밀감(Argyle and Dean 1965)과 즉시성(Wiener and Mehrabian 1968)이다. 그러나 이러한 두 개념은 온라인 학습 환경에서 실현하기 어려운 개념으로 여겨지고 있다.

먼저 친밀감은 눈맞춤(eye contact), 물리적 근접성(physical proximity), 대화의 주제(topic of conversation) 등에 의해 영향을 받는다. 이러한 영향 요소 중 어느 하나의 변화는 다른 요소의 변화를 가져온다(Short et al. 1976). 예를 들어 눈을 계속적으로 맞추고, 물리적으로 가까이 있으면서, 몸을 앞으로 내밀고 웃으면서 하는 커뮤니케이션은 친밀감을 불어넣는다는 것이다(Burgoon et al. 1984). 이를 균형이론(Equilibrium theory)이라고 부른다. 균형이론(Short et al. 1976)은 인간이 친밀감의 정도를 어떻게 균형을 유지하는가를 설명한다. 면대면 상황에서, 사람들은 이야기하고 있는 주제가 불편한 것일 때는 눈맞춤을 피한다거나 물리적 거리를 멀게 하는 경향이 있다. 사람들은 항상 최적의 친밀감 수준을 유지하려고 한다. 즉 친밀감의 정도가 낮은 경우에는 대화 참가자들은 낮은 친밀감 수준에 맞추기 위해 자신들의 행동을 바꾸려고 할 것이다. 이를 통해 최적의 편안한 상태(optimal comfort level)를 유지한다. 여기서 최적이란 그들이 느끼는 친밀감의 수준과 그들이 실제로 하는 행동의 수준이 균형을 이룬다는 것을 의미한다. 만약 친밀감이 최적화되도록 행동을 수정할 수 없게 되면, 그 상호작용은 유쾌한 것이 될 수 없다.

이러한 균형이론은 온라인 상황에 매우 다양하게 적용된다. 온라인 환경에서 학습자는 자신이 원하는 CMC 형태를 통해 언제, 무엇에 대해 의사소통할 것인가를 결정할 수 있는 권리를 가지고 있다. CMC의 특성은 학습자들이 원하는 친밀감의 수준을 결정할 수 있다는 점이다. 온라인 학습자들은 과격한 행동(extreme behaviors), 당황케 하는 행동(embarrassing), 열렬한 행동(flaming), 퇴장 또는 잠복(dropout or lurking) 등과 같은 행동으로 온라인 친밀감을 표시한다. 따라서 온라인 강의자는 온라인 학습자들과의 친밀감을 높일 필요가 있다. 온라인 학습자들은 처음 학습과정에 들어가기 전에 CMC 의사소통자와 서로 소개함으로써 사회적 실재감을 높일 수 있다고 한다(Johansen et al. 1988). 이러한 과정을 통해 학습 참가자들은 좀 더 친근해질 수 있고 서로 간의 신뢰를 가질 수 있게 된다. Gunawardena(1995)는 사회적 실재감에 대한 학생들의 인식은 처음에 강의자가 자기소개와 인사를 통해 자연스러운 대화를 이끄는 상호작용 기술에 의해 영향을 받는다고 하였다.

사회적 실재감과 관련 있는 두 번째 심리학적 개념은 즉시성(immediacy)이다. 이는 의사소통과정에서 발신자가 자신과 수신자 간에 느끼는 심리적 거리(psychological distance)를 의미한다. 이는 온라인상에서 실현하기 어려운 개념이다. 왜냐하면 CMC 상황에서는 사회적 단서와 비언어적 단서가 부족하기 때문이다. 하지만 온라인 즉시성(online immediacy)을 부정하거나 그것의 중요성을 간과하는 것은 아니다. 인간은 사회적 존재이고 즉시성은 온라인 학습자들 간의 사회적 접촉에 여전히 필요하다. 사실 온라인 학습 환경에서의 즉시성은 면대면 학습 환경에서보다 학습자와 강의자 간의 상호작용에 훨씬 더 중요하다.

Gunawardena(1995)는 사회적 실재감은 온라인 교육환경에서의 효과적인 학습을 강화시키고 향상시키는 데 필요하다고 주장하였다. 사회적 실재감의 부족은 좌절감을 느끼게 하고, 강의자에 대한 비판적 태도를 가지게 하고, 정감 있는 학습 수준이 낮아지게 된다(Rifkind 1992). 또한 개인이 온라인 학습 환경을 개인적이지 않고 사생활 보호가 보장되지 못한다고 생각하면, 학습과정에서 적극적인 상호작용을 하지 않을 것이며 이는 사회적 실재감을 약화시킬 것이다. 이러한 사실을 본 연구에 적용하여 쇼핑몰의 맞춤화 정도와 사생활보호가 사회적 실재감 수준에 영향을 미치는지를 살펴보고자 한다.

3.3 사회적 실재감과 쇼핑몰 신뢰

신뢰는 일정기간 동안 다른 사람이나 조직과의 지속적인 인적 상호 작용에 의해서 형성된다. 신뢰는 이러한 지속적인 인적 상호작용을 통해 상대방이 어떤 행동을 할 것인지에 대한 예상을 통해 형성된다(Blau 1964; Luhmann 1979). 이러한 사실은 인터넷 쇼핑몰 신뢰의 연구관점에서 보면 주목할 만한 사실이다. 왜냐하면 오프라인 거래에 비해 전자상거래가 가지는 가장 뚜렷한 특징이 인적 상호작용의 부재이기 때문이다(Gefen 2004).

이러한 사회적 상황은 신뢰의 중요한 특징이다(Blau 1964; Luhmann 1979). 그 이유는 일반적으로 신뢰는 다른 사람들과의 건설적인 상호 작용을 통해 형성되기 때문이다(Blau 1964; Fukuyama 1995; Luhmann 1979). 신뢰대상과의 상호작용은 그것이 면대면이거나 아니면 다른 수단을 통해서 이루어지는지 하는 것에 상관없이, 신뢰의 전제조건이 되기 때문에 높은 수준의 사회적 실재감의 지각—사회적 관계에서 직·간접적인 인적접촉에 지각—은 신뢰형성에 도움을 준다. 고의적으로 사회적 상호작용을 피하거나 사회적 실재감이 부족한 관계형성은 신뢰를 감소시킨다(Blau 1964). 이러한 논리를 확장시켜보면, 웹사이트에 대한 신뢰는 커뮤니케이션 전달 매체인 인터넷에 높은 수준의 사회적 실재감을 불어넣으면 형성될 수 있을 것이다. 즉 커뮤니케이션 매체에 인적, 사회적, 감각적인 접촉이 존재한다는 것을 인식시킬 필요가 있다(Short et al. 1976).

사회적 실재감 이론은 사회적 상황이 매체사용에 어떻게 영향을 미치는지를 기술하고 있다(Short et al. 1976). 또한 매체 정보량 이론

(media information richness theory)(Daft and Lengel 1984; Rice et al. 1989; Straub 1994)과 관련하여, 사회적 실재감 이론은 매체이용자들이 수행과업에 필요한 사회적 실재감 정도를 평가하고 그것과 매체가 제공하는 사회적 실재감과 적합 시킨다고 주장한다. 즉 자신이 이용하고자 하는 매체로 인해 의사소통 상대방이 심리적으로 가까이 있는 것(being psychologically present)과 같은 경험을 제공해 줄 수 있느냐 하는 것을 평가한다(Short et al. 1976; Williams 1977). 일반적으로 면대면 커뮤니케이션에서는 높은 수준의 사회적 실재감을 느끼는 반면 이메일이나 편지와 같은 매체에서는 낮은 수준의 사회적 실재감을 느낀다. 하지만 매체경로의 풍부함(channel richness)은 상황에 따라 다양하고(Swanson 1987; Zmud 1990) 사회적 실재감 역시 웹사이트에 따라 다르다(Gefen 2004).

하지만 인터넷 쇼핑몰이 다른 사람과의 실제적인 상호작용이 없다는 것이 반드시 쇼핑몰에는 사회적 실재감이 존재하지 않는다는 것을 의미하지는 않는다. 만약 인물사진이 인적, 사회적, 감각적인 면대면 접촉감각을 제공할 수 있다면, 당연히 멀티미디어를 제공하는 웹사이트 역시 그럴 수 있다(Gefen 2004). 예를 들어 많은 웹사이트는 웃고 있는 사람들의 사진을 자사 사이트에 올려놓고 있다. 이러한 사실은 사회적 실재감에 대한 인식이 실제적인 인적 접촉이 존재하지 않더라도 생겨날 수 있다는 점에서 매우 흥미롭다. 웹사이트상에서 이러한 사회적 실재감을 느끼도록 할 수 있는 다른 방법으로 고객과의 상호작용에 'social touch'를 제공하는 것으로 개인화된 이메일을 보낸다든지 고객이 로그인할 때 고객의 이름을 불러 환영(예, 홍길동 님, 안녕하세요)하는 방법 등이 있다(Gefen 2004).

높은 수준의 사회적 실재감은 전자적 커뮤니케이션의 질을 높여 신뢰를 증가시킬 수 있다(Gefen and Straub 1997). 커뮤니케이션은 건설적인 상호작용의 필요요소이기 때문이다. 리치 미디어일수록(richer media) 또는 사회적 실재감이 높은 미디어일수록, 과업이 애매모호하거나 불확실한 경우에 더욱 선호된다(Straub and Karahanna 1998).

또한 사회적 실재감은 쇼핑몰 관리자가 웹사이트를 통해 인적, 사회적, 감각적인 면대면 접촉감각을 제공함으로써 신뢰를 형성시킬 수 있다. 소비자 관점에서 그런 속성은 바람직한 것이다. 신뢰는 신뢰대상이 신뢰자의 기대와 일치하는 행동이나 표현을 보여줄 때 생기듯이(Luhmann 1979; Blau 1964), 쇼핑몰이 제공하는 사회적 실재감 수준이 소비자의 기대에 부합하는 정도에 따라 신뢰는 증가할 것이다.

제4절 구전 커뮤니케이션

앞서 살펴본 신뢰생성과정 중 전이과정은 어떤 사람이 가지고 있는 신뢰가 또 다른 사람의 신뢰에 영향을 미칠 수 있음을 논리적으로 설명하고 있다. 오프라인 거래에 비해 지각위험이 상대적으로 높고 익명의 상대방과의 교환관계를 맺어야 하는 인터넷 거래에서 위험을 줄이기 위해 구할 수 있는 정보원천 중에서 가장 신뢰성 있는 정보가 바로 구전정보라는 것은 기존 연구에서 밝혀진 바 있다(김광수와 박주식 2004). 따라서 본 절에서는 쇼핑몰 신뢰 선행변수로서 구전정보의 도입을 위해 구전에 관한 전통적 연구 결과를 제시하고 CMC가 가지는 커뮤니케이션 환경적인 특징을 분석함으로써 인터넷 구전의 차별적인 특성을 제시하고자 한다.

다차원적 e-trust 형성과정 모형

4.1 오프라인 구전의 개념과 특징

구전은 가장 오래된 마케팅 커뮤니케이션 수단으로 긍정적인 구전은 기업의 제품과 서비스를 촉진하는 데 매우 가치 있는 도구로 인식되어 왔다. 비상업적인 특징을 가지는 구전정보는 다른 매체보다 뛰어난 신뢰성으로 인해 소비자 구매행동에 결정적인 영향을 미치는 것으로 알려져 있다. 오늘날과 같이 다양한 대중매체와 광고가 발달한 시대에서도 약 80%가 구매의사결정을 할 때 누군가의 직접적인 추천의 영향을 받는 것으로 나타났으며(Voss 1984), 유료광고보다 구매결정에 2배의 영향력을 가진다(Reichheld and Sasser 1990).

한편 Hofstede(1984)는 제품구매에 있어서 사회적 영향력은 개인주의 문화를 가진 국가보다 우리나라와 같이 집단 중심적 문화를 가진 국가에서 그 효력이 더욱 크다고 하였다(Hofstede 1984; Schutte and Ciarlante 1998). 따라서 우리나라와 같은 집단주의적 성향이 강한 국가에 속한 소비자행동 연구에서 구전 커뮤니케이션에 대한 연구는 더욱 중요한 의미를 가진다.

특정 제품이나 서비스 또는 판매자에 대한 소유경험, 사용경험 그리고 특징을 다른 소비자에게 전달하는 비공식적 커뮤니케이션(Westbrook 1987)으로 정의되는 구전 커뮤니케이션은 최근 마케팅 문헌에서 재조명되고 있다(Anderson 1998; Gilly et al. 1998; Money et al. 1998). 앞선 정의에서 우리는 구전 커뮤니케이션의 두 가지 특징을 발견할 수 있는데, 하나는 소비자가 소비자에게 정보를 전달한다는 점과 정보교환이 비공식적인 의사소통에 기초한다는 점이다. 그리고 구전은 광고와 비교해 볼 때 전달메시지와 전달매체가 관련기업과는 무관하다. 광고의 경우 메시지는 기업의 의도에 따라 제작한 것이고 그것을 전달하기 위한 매체도 기업이 소유하거나 빌린 것이지만, 구전은 기업과는 관련이 없는 제3자에 의해 그 메시지가 만들어지고 동시에 제3자에 의해 전달된다. 이러한 특징으로 구전은 일반적으로 기업이 통제하기 힘든 커뮤니케이션으로 받아들여지고 있다.

앞서 살펴본 메시지와 매체의 독립성은 소비자들이 구전정보의 비상업적인 본질을 지각하게 하고 이에 따라 구전정보에 대한 신뢰가 증대되어 구전 커뮤니케이션은 기업이 수행하는 촉진노력보다 더욱 믿을 만한 것으로 여겨지고 있다(Herr et al. 1991). 이러한 구전 정보의 신뢰성으로 인해 구전은 소비자의 구매행동에 결정적인 영향을 미치는 것으로 알려져 있다. Katz와 Lazarfeld(1955)의 연구에서는 구전효과가 신문이나 잡지광고 효과보다 7배나 크다고 하였으며 Beal과 Rogers(1957)는 인적 정보는 주부들로 하여금 새로운 제품을 구매하게 하고 그들이 이용하는 슈퍼마켓을 바꾸도록 하는 데 가장 효과적인 커뮤니케이션 수단이라고 하였다. 이처럼 구매행동에 대해 구전이 강력한 영향력을 미치는 또 다른 이유는 구전이 제품이나 서비스를 직접 경험해 보지 못한 소비자들에 대리경험을 제공해 주기 때문이다(Silverman 1997). 제품에 대한 경험을 얻기 위한 방법으로는 직접경험과 간접경험이 있는데 직접경험이 가장 확실한 방법인 것처럼 보이나 그것은 시간적, 금전적 비용이 많이 들며, 실패위험이 높기 때문에 소비자에게는 오히려 다른 사람들의 얘기를 들음으로써 얻게 되는 제품에 대리적인 경험이 더욱 효과적일 것이다. 이러한 의미에서 구전은 경험전달매체로 볼 수 있다. 특히 오프라인에 비해 인터넷상에서는 소비자가 제품에 대해 직접 경험할 수 있는 경우가 거의 없기 때문에 동일한 사용자들이 내린 평가에 주목하게 되고 이는 구매의사결정에 강력한 영향을 미치게 된다.

4.2 인터넷 구전정보가 제공되는 CMC의 특징

여기서는 먼저 컴퓨터 매개 커뮤니케이션 환경에 대해 살펴보고 이를 통해 인터넷 구전이 가지는 특징을 도출하고자 한다. 컴퓨터 매개 환경에서의 커뮤니케이션의 특징을 제시하기 위해 Hoffman과 Novak(1996)이 제시한 3가지 커뮤니케이션 모형을 소개한다.

Hoffman과 Novak(1996)은 컴퓨터 매개 커뮤니케이션 환경을 설명하기 위해 다음과 같은 3가지 커뮤니케이션 모형을 제시하고 각각의 특징에 대해 설명하였다.

Model 1: 대중매체

〈그림 2-1〉는 전형적인 일대다 커뮤니케이션 과정을 나타내고 있다. 본 모형은 기업과 소비자의 상호작용은 전혀 없는 일방적인 모형으로 전통적 마케팅에서 주로 이용되었다. 이러한 커뮤니케이션 형태에서는 고객과의 쌍방적인 의사소통과 고객에 대한 정보수집의 어려움이 있다.

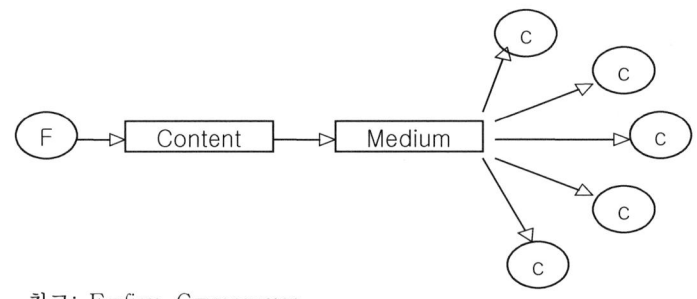

참고: F=firm, C=consumer

〈그림 2-1〉 전통적인 일대다 마케팅 커뮤니케이션 모형(대중매체)

Model 2: 인적 및 컴퓨터 매개 커뮤니케이션

〈그림 2-2〉에서는 발신자로부터 수신자로의 전통적 커뮤니케이션 모형에 기초를 둔 간소화된 인적 커뮤니케이션 모형을 나타내고 있다. 그림에서는 단지 일대일 커뮤니케이션을 보여주고 있으나 이 모형은 쉽게 다대다 인적 커뮤니케이션(원격회의, 면대면 그룹 미팅, 온라인 대화방 등)으로 확대될 수 있다. 매체에 의해 매개되지 않은(unmediated) 면대면 인적 커뮤니케이션은 〈그림 2-2〉의 특별한 경우로 볼 수 있으며, 마케팅 관점에서 이는 오프라인 구전커뮤니케이션을 나타낸다고 볼 수 있다.

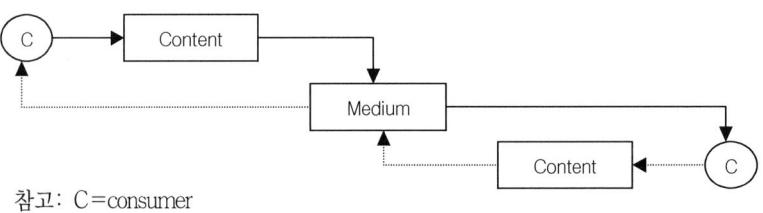

참고: C=consumer

〈그림 2-2〉 인적 및 컴퓨터 매개 커뮤니케이션 모형

다차원적 e-trust 형성과정 모형

〈그림 2-1〉과 〈그림 2-2〉의 가장 중요한 차이는 매체를 통하거나 아니면 매개되지 않은 면대면 커뮤니케이션을 통해 생기는 사람들 간의 상호작용성이다. 상호작용성의 관점에서 보면, 매체는 단지 그것이 발신자와 수신자를 연결해주는 수단이 되거나 발신자로부터 수신자에게 전해지는 메시지를 전달하는 데 공헌을 할 때에만 중요하다고 할 수 있다(Steuer 1992).

Model 3: 하이퍼미디어 컴퓨터 매개환경에서의 새로운 커뮤니케이션모형

〈그림 2-3〉에서는 CMEs에서의 다대다 커뮤니케이션 모형을 제시하고 있다. 여기서의 컨텐츠는 하이퍼미디어이고 매체는 분산된 컴퓨터 네트워크이다. 즉 하이퍼미디어 CMEs는 소비자와 기업이 하이퍼미디어를 제공하거나 그것에 접근할 수 있도록(machine interactivity) 네트워크 접근에 필요한 하드웨어와 소프트웨어로 구성된 동적인 분산된 네트워크 환경이라고 할 수 있다. 〈그림 2-3〉과 〈그림 2-2〉의 차이점은 하이퍼미디어 환경에서는 상호작용성이 매체를 통해서뿐 아니라 매체와도 상호작용한다는 점이다. 본 연구의 대상이 되는 인터넷 구전형태는 인터넷이라는 매체를 통한 하이퍼미디어 형태의 컨텐츠를 서로 교환하는 것으로 볼 수 있다. 따라서 인터넷상의 구전정보는 매체에 보존되는 특징을 가지게 된다. 오프라인상에서 만들어지는 구전정보는 구전정보 제공자가 반복해서 말하지 않는 한 소멸되지만 인터넷상에 올려진 구전정보는 정보제공자가 자신이 올린 글을 지우지 않는 한 지속적으로 보존되고 그에 따라 익명의 많은 사람들이 그 정보에 노출된다. 이처럼 인터넷 구전 정보는 사람과 인터넷 매체 간의 기계적 상호작용으로 인해 지속적으로 보존되는 특징을 가지게 된다.

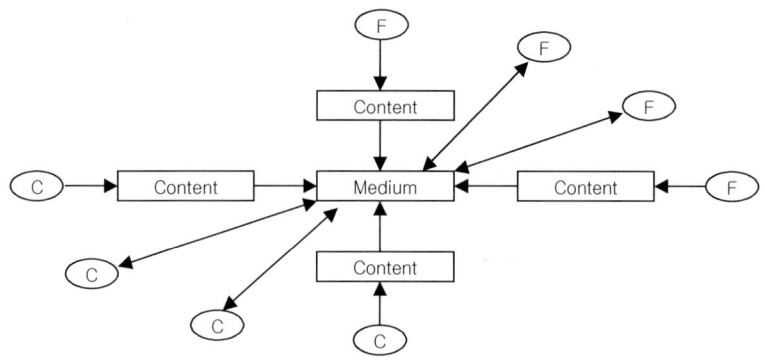

〈그림 2-3〉 하이퍼 미디어 CME에서의 마케팅 커뮤니케이션 모형

　이러한 하이퍼미디어 CMEs는 기업과 소비자, 소비자와 소비자 간의 신속한 의사소통을 가능하게 하고 고객 정보 수집을 용이(구전정보의 보존성)하게 함으로써 고객과의 관계구축에도 중요한 역할을 할 수 있다. 전통적 소매시장에서 의사소통과 자료수집의 제약으로 인해 관계구축이 어려웠으나, 인터넷의 출현으로 인해 의사소통과 자료수집의 제약이 감소되어 고객과의 관계구축이 용이해졌다. 관계마케팅의 성공은 고객자료 수집과 분석에 달려 있는데(Wang 2000), 인터넷 구전정보는 고객의 욕구를 파악하는 데 훌륭한 자료가 된다. Buttle(1996)은 마케팅의 문제는 본질적으로 정보관리 문제라고 주장하면서 개별고객에 대한 정보는 맞춤식 마케팅 전략을 가능하게 한다. 따라서 정보관리를 촉진하는 웹 환경은 관계 마케팅과 같은 보다 효과적인 마케팅 전략을 수행할 수 있도록 한다.

　사실 로그분석이나 쿠키파일을 통한 분석은 단지 고객의 행동을 관찰하는 것에 불과하다. 즉 소비자의 행동에 대한 이유나 심리적 상태를 파악하기는 어렵다. 이러한 행동에 대한 이유와 심리적 상태를 가장 자연스럽게 나타내는 자료가 바로 소비자들 간에 교환되는 인터넷 구전정보인 것이다. 따라서 기업은 각종 인터넷 구전(쇼핑몰 게시판, 관련 커뮤니티)을 모니터링할 필요성이 있다.

또한 오프라인에서보다 인터넷 환경에서는 기업이 구전정보를 통제하기가 더욱 용이하다. 이는 인터넷 구전정보는 매체에 지속적으로 보존되는 성격을 지니므로 기업이 쇼핑몰 게시판의 고객요구사항에 적절하고 신속히 응대하기만 한다면 기존 인터넷 구전정보의 관리뿐 아니라 긍정적 구전을 유발하는 효과를 동시에 누릴 수 있을 것이다. 사실 오프라인상에서는 기업이나 제품에 대한 무수한 구전 커뮤니케이션들이 고객들 간에 발생하지만 정작 기업은 매우 적극적인 소비자의 건의사항 외에는 어떤 내용의 구전이 전달되는지조차도 알 수 없다. 하지만 웹에서는 이용자가 기업에 손쉽게 불만이나 요구사항을 전달할 수 있기 때문에 이에 적절한 대응만 한다면 부정적 구전은 억제하고 긍정적 구전은 극대화시키고 이를 경험한 기존고객과의 호의적인 관계를 유지할 수 있을 것이다.

4.3 인터넷 구전의 개념과 중요성

실제로 인터넷상에서의 소비자 간의 의사소통은 오프라인에서보다 훨씬 자주 그리고 광범위하게 일어나고 있다. 오프라인 구전의 범위는 매우 제한적이나 인터넷 구전은 그 범위를 알 수 없을 만큼 광범위하다. 예를 들어 특정 소비자의 불만사항을 쇼핑몰 게시판에 올려놓는다면 익명의 다수 소비자가 그것을 보게 될 것이며 게시자가 그것을 삭제하지 않는 한 그것은 지속적으로 보존되어 익명의 많은 사람들에게 읽혀질 것이다. 또한 인터넷 소비자들은 정보탐색 능력과 욕구가 강하다. 특히 인터넷 쇼핑 이용자는 오프라인 쇼핑처럼 직접 제품이나 서비스를 경험할 수 없기 때문에 대리적인 경험의 필요성을 강하게 느낀다. 따라서 다른 사람의 경험에 대한 정보를 얻고자 하는 욕구가 더욱 강할 것으로 예상할 수 있다. 이러한 사실들은 소비자행동 이론가와 쇼핑몰 업체들이 인터넷 구전에 대해 지속적인 관심을 가져야 함을 시사한다.

인터넷상에 존재하는 구전을 지칭하는 용어로 'internet w-o-m', 'word of mouse' 또는 '온라인 구전' 등의 용어가 사용 가능하다(Schwartz 1998; Oberndorf 2000, 성영신 등 2002). 본 연구에서는 일반 소비자에 의해 인터넷 쇼핑몰 게시판에 올려진 특정제품이나 서비스에 대한 긍정적 혹은 부정적인 정보를 온라인 구전으로 정의하고자 한다.

온라인 구전은 인터넷 쇼핑몰 게시판을 매개로 한다는 점에서 대면 구전과 크게 구별된다. 앞서 Hoffman과 Novak이 제시한 모형에서 살펴보았듯이 인터넷 구전은 개인 간 면대면 형태의 커뮤니케이션이 아니라 인터넷 게시판을 매개로 다대다 형태로 일어난다. 이러한 물리적 구성요소의 차이는 인터넷 구전과 대면 구전 간의 차이점을 파생시킬 뿐 아니라 구전의 효과 측면에서도 다른 양상을 만든다(유형열 2001).

이를 정리하면 다음과 같다. 첫째, 인터넷 게시판을 매개로 문자언어를 통해 전달되는 인터넷 구전은 전달속도와 범위가 훨씬 빠르고 넓다. 대면 구전의 경우, 그 전달 대상이 구전정보 제공자의 가족이나 친구 등으로 제한되어 있으므로 전달범위가 크지 못하였다. 그러나 인터넷 구전은 이러한 제한이 없으므로 인터넷에 접속할 수 있는 불특정다수에게 정보를 전달할 수 있어 그 전달범위가 매우 넓다고 할 수 있다. 이것은 구전정보가 전달되는 범위는 물론, 구전 수신자가 자신이 원하는 정보를 얻을 수 있는 정보원의 범위도 역시 크게 증가하였

다차원적 e-trust 형성과정 모형

음을 의미한다.

둘째, 인터넷은 시·공간적 제약이 없으므로 언제든지 접속만 하면 수많은 구전정보를 찾아낼 수 있다는 점에서 정보 수신자에게 효용가치가 크다. 개인적인 유대관계에 의해 강한 영향력을 발휘하는 대면구전과 달리 개인적 친분이나 유대관계가 없이도 짧은 시간 내에 수많은 구전정보를 획득할 수 있기 때문이다. 그래서 전달속도 역시 크게 증가하였다. 대면 구전의 경우, 구전 정보가 음성을 통해 전달되므로 언제나 정보의 송신과 수신이 동시에 일어난다는 제약을 지닌다. 따라서 정보원과 수신자가 동시에 커뮤니케이션에 참여해야만 하므로 그 전달속도가 빠르기 어렵다. 그러나 인터넷 구전의 경우는 구전정보가 음성이 아닌 문자를 통해 전달되므로 정보의 송신과 수신이 전혀 별도로 일어날 수 있다. 일단 구전 정보원이 자신의 경험과 지식을 인터넷 게시판에 올리기만 하면, 언제라도 다른 소비자들이 이에 접속하여 정보를 얻는 것이 가능한 것이다. 즉 정보의 송신은 단 한 번에 불과하더라도 그에 대한 수신은 시, 공간의 제약을 받지 않으므로 수없이 많을 수 있다. 이렇듯 한 번의 송신으로 수많은 소비자에게 구전정보가 전달된다는 것은 결국 구전정보의 전달속도 증가를 의미하는 것이다. 특히 정보원이나 다른 소비자가 그 구전정보를 복사하여 다른 인터넷 게시판에 전파할 경우, 인터넷구전 정보의 전달속도는 비약적으로 증가할 것이다.

셋째, 인터넷구전은 일방적 커뮤니케이션과 쌍방적 커뮤니케이션이 모두 가능하다. 다만 인터넷 구전은 대면 구전에 비해 상대적으로 즉각적 피드백이 이루어지기 어렵다는 단점을 지닌다. 그러나 인터넷 구전의 쌍방성과 피드백의 속도는 전달자와 수신자의 적극성에 의해 결정된다고 할 수 있을 것이다. 특정상품 혹은 서비스에 대한 소비경험자의 정보를 원하는 수신자가 그에 해당하는 인터넷 게시판의 글을 탐색하는 경우를 생각해 보면 게재된 정보의 수준보다 더 구체적인 정보를 원할 때 상품을 소비해 본 경험자의 글 아래에 리플을 달거나 메일을 보내서 자신이 원하는 구체적인 정보를 문의하여 획득하는 과정은 정보 전달자뿐 아니라 수신자의 능동성을 바탕으로 한다. 최근 인터넷 게시판을 통해 이러한 사례를 종종 볼 수 있으며, 전혀 모르는 사람에게 자신이 원하는 정보를 얻어낼 수 있다는 것은 인터넷이 아니면 시도하기 어려운 일이다. 이는 수신자의 욕구에 부응하는 정보를 획득, 전달할 수 있는 쌍방적 커뮤니케이션의 특성을 나타낸다(Brister 1991). 이와 같은 인터넷 구전의 특성들은 마케터가 통제할 수 없는 개인적 차원에서 음성언어를 매개로 일어나는 대면 구전에 대한 접근의 어려움을 극복하도록 하며, 따라서 구전을 관리하고 때에 따라서는 통제하는 전략을 수립하는 데에 필요한 일차적 자료로서 큰 의미를 갖는다고 하겠다.

다차원적 e-trust 형성과정 모형

제3장
연구가설 및 연구모형

제1절 연구가설

1.1 기업요인과 쇼핑몰 신뢰

1.1.1 명성과 쇼핑몰 신뢰

명성은 구매자가 판매 기업이 가지고 있는 정직성과 고객에 대한 관심을 믿는 정도로 정의된다(Doney and Cannon 1997). 마케팅 문헌들은 명성이 고객관계를 위해 장기간 자원, 노력 그리고 주의를 집중해야 하는 가치 있는 자산임을 밝히고 있다. 또한 좋은 명성은 기회주의 행동을 하지 않을 것을 의미한다(Smith and Barclay 1997). 왜냐하면 좋은 명성을 가지고 있는 기업은 기회주의적으로 행동하므로 지금까지 쌓아온 명성을 잃어버리려 하지 않을 것으로 여겨지기 때문이다(Chiles and McMackin 1996). 특히 구매자들이 상호 밀접한 관계를 가지고 있어 구매자들 간의 의사소통이나 상호작용가능성이 높은 경우에는 좋은 평판을 가지고 있는 기업은 기회주의적인 행동으로 인한 비용을 훨씬 더 크게 지각할 것이다(Axelrod 1984). Ganesan(1994)은 판매회사에 대한 구매자의 신뢰의 선행변수로 판매회사가 믿을 만하고 일관되고 공정한 행동을 할 것이라는 평판을 포함시키고 있다.

산업구매자에게 있어서도, 판매자의 명성은 판매자에 대한 구매자의 신뢰와 정(+)의 관계를 가지는 것으로 나타났다(Anderson and Weitz 1989; Ganesan 1994). 또한 Doney와 Cannon(1997)은 오프라인의 B to B환경에서 공급기업과 그의 판매원에 대한 구매기업의 신뢰 형성에 관한 연구를 수행하였는데, 공급기업의 명성이 구매기업의 신뢰에 유의한 영향을 미치는 것으로 나타났다. 인터넷 마케팅 상황에서의 관련 연구로, Quelch와 Klein(1996)은 인터넷 소비자가 이미 오프라인에서 익숙한 기업이 운영하는 사이트를 선호할 것이라고 주장하였다. Lohse와 Spiller(1998) 역시 물리적 점포의 명성은 온라인 사이트에 대한 지각에 영향을 미칠 것이라고 주장하였다. Jarvenpaa 등(2000)은 지각된 크기와 지각된 명성이 인터넷 쇼핑몰의 신뢰에 영향을 미친다고 하였다. 따라서 이러한 선행연구의 결과를 기반으로 다음과 같은 가설을 설정하고자 한다.

H1: 쇼핑몰의 명성은 쇼핑몰 신뢰에 긍정적인 영향을 미칠 것이다.

1.1.2 지각된 크기와 신뢰

여러 문헌에서 점포의 크기가 점포신뢰에 관한 소비자 인식에 영향을 준다는 사실을 제안하고 있다(Jarvenpaa et al. 2000). 이러한 신뢰 형성에는 점포의 실제 크기(예를 들어, 매출액, 판매제품의 수 등)보다는 오히려 점포크기에 대한 소비자의 지각이 더욱 중요한 역할을 하는 것으로 나타났다. 따라서 본 연구에서도 점포크기에 대한 소비자의 지각에 초점을 두고 이것이 쇼핑몰 신뢰에 미치는 영향을 살펴보고자 한다. 전통적인 마케팅 경로에서, 구매자(신뢰자)는 판매자가 믿을 만한지를 판단하는 근거로 판매자의 규모를 이용하는 것으로 나타났다(Doney and Cannon 1997). 기업의 규모가 크다는 것은 많은 다른 기업들이 그 기업을 신뢰하고 있고 성공적으로 사업을 영위하고 있다는 것을 암시한다. 즉 다른 기업들이 가진 신뢰대상 기업과의 경험은 신뢰대상 기업이 약속을 제대로 이행할 것이라고 믿는 이유가 될 수 있다(Doney and Cannon 1997). 또한 규모가 크다는 것은 그 기업이 고객이나 기술적인 서비스와 같은 지원 시스템에 필요한 전문성과 자원을 가지고 있을 것이라는 점을 의미하고 이러한 지원 시스템의 존재는 신뢰를 형성시킨다(Chow and Holden 1997). 규모가 크다는 사실은 점포가 제품하자에 대한 위험을 책임질 수 있고 그에 따라 적절한 보상도 할 수 있을 것이라는 사실을 나타내기도 한다(Jarvenpaa et al. 2000). 끝으로 규모가 큰 판매자는 그들의 사업에 많은 자본을 투자했기 때문에 만약 기회주의적으로 행동한다면 규모가 작은 기업보다 훨씬 더 많은 것을 잃을 가능성이 있기 때문에 신뢰받을 가능성이 증가한다. 따라서 다음과 같은 가설을 설정할 수 있다.

H2: 쇼핑몰의 지각된 크기는 쇼핑몰 신뢰에 긍정적인 영향을 미칠 것이다.

1.2 쇼핑몰 운영요인, 사회적 실재감 그리고 쇼핑몰 신뢰

1.2.1 맞춤화, 사회적 실재감 그리고 쇼핑몰 신뢰

맞춤화(customization)란 개별구매자의 다양한 욕구를 파악하고 그 욕구를 개별적으로 충족시키는 정도를 의미한다. 온라인 교육에 관한 연구 중에서 Gunawardena(1995)은 학습자가 온라인 학습 환경이 개별적이지 않고 사생활이 보호되지 않으면 적극적인 상호작용을 하지 않을 것이고 이에 따라 학습자가 느끼는 사회적 실재감 역시 감소할 것이라고 주장하였다. 또한 Gefen(2004)은 웹사이트상에서 사회적 실재감을 느끼도록 할 수 있는 방법으로 고객과의 상호작용에 있어 'social touch'를 제공하는 것을 제안하였으며 구체적인 방법으로 맞춤화된 이메일을 보낸다든지 고객이 로그인할 때 고객의 이름을 불러 환영하는 방법 등이 있다고 하였다.

한편, 이러한 맞춤화는 쇼핑몰 신뢰에도 영향을 미치는 것으로 나타났는데, Fogg 등(2001)은 미국과 유럽에 있는 1400여 명의 학생을 대상으로 신뢰와 관련 있는 51개의 웹사이트 구성요소를 평가하게 하여 웹사이트 신뢰에 대한 인식을 연구하였다. 그 결과 현실감, 사용용이성, 전문성, 신뢰가치성, 맞춤화 등이 쇼핑몰 신뢰에 영향을 미치는 것으로 나타났다. 오프라인 환경에서 이와 관련된 연구로 Doney와 Cannon(1997)의 연구를 들 수 있는데 그들은 공급기업의 맞춤화 의지는 구매기업의 신뢰에 유의한 영향을 미친다는 사실을 밝혔다. 따라서 앞서 언급한 선행연구의 결과를 기반으로 다음과 같은 가설을 설정하고자 한다.

H 3-1: 지각된 맞춤화는 쇼핑몰에 대한 사회적 실재감에 긍정적인 영향을 미칠 것이다.

H 3-2: 지각된 맞춤화는 쇼핑몰에 대한 신뢰에 긍정적인 영향을 미칠 것이다.

1.2.2 반응성, 사회적 실재감 그리고 쇼핑몰 신뢰

사이버 공간의 커뮤니케이션은 커뮤니케이션의 인간적인 요소를 전달하지 못하게 하며, 때문에 이용자들은 자기 자신과 타인의 존재를 지각하는 데 어려움을 겪게 된다(박기순 1997). 즉 사이버 공간에서는 현실과 달리 이용자가 익명의 상태에서 물리적인 실체를 동반하지 않은 채 활동하기 때문에 상대방은 물론 자기 자신의 존재를 망각하기 쉬워지고 따라서 사회적 실재감을 느끼기가 어려워진다.

한편 타인의 존재는 자기 자신을 평가적으로 바라보게 하는 힘을 가진 사회적 자극임을 지적한 선행연구에 비추어 볼 때(Carver and

Scheier 1978), 상대방의 반응은 일차적으로 타인을 지각하게 하고, 이를 통해 궁극적으로는 자기지각을 일으킨다고 할 수 있다(김재휘와 김연정 2004). 따라서 반응성은 사회적 실재감 형성에 영향을 미칠 것으로 예상할 수 있다. 반응성은 한 쪽이 다른 쪽의 언어적, 비언어적 커뮤니케이션 행동에 대해서 반응하는 확률 또는 선행하는 상대방의 커뮤니케이션 행동과 내용에 관련된 반응빈도라는 두 가지 측면으로 나뉘며, 어느 경우에도 그 비율이 커질수록 상대방에 대한 호감을 더욱 느낀다(Davis 1982). 따라서 반응성은 커뮤니케이션 주체 상호 간의 친밀감과 연동되는 사회적 실재감과 직접 관련됨을 시사하고 있다. 커뮤니케이션 관점에서 송신자는 대화 도중에도 매순간 수신자의 즉각적인 반응을 확인함으로써 상대방과의 심적 균형 상태를 유지하려 하기 때문에 즉각적인 반응은 상대방의 존재를 확인할 수 있게 한다. 따라서 상대방의 즉각적인 반응은 사회적 실재감을 높여준다(김재휘와 김연정 2004). 이러한 사실은 교사와 학생 간의 학습과정에서도 검증되었는데, Kelley와 Gorham(1988)은 즉시성(즉각적인 반응)과 인지적 학습 간에 긍정적인 관계가 있다는 사실을 발견하였고, Gorham(1988)은 교사의 즉각적인 행동은 감성적 학습과 인지적 학습에 긍정적인 영향을 미친다고 주장하였다. 즉 즉시성의 부족은 사회적 실재감의 부족을 느끼게 하고 이는 좌절감을 느끼게 하여 교사에 대한 비판적인 태도를 가지게 되어 결과적으로 감성적 학습을 저하시키게 된다는 것이다(Rifkind 1992).

또한 시장에서의 교환관계에 있어 신뢰에 영향을 미치는 요인으로 시기적절한 정보제공이 신뢰를 촉진시키는 것으로 나타났는데(Moorman et al. 1993), 이는 구매자와 판매자 간의 정보공유가 구매자의 신뢰수준을 향상시킨다는 결과(Morgan and Hunt 1994)와 일맥상통한 것으로 볼 수 있다.

다차원적 e-trust 형성과정 모형

이러한 연구결과들을 바탕으로 하여 다음과 같은 가설을 설정할 수 있다.

H 4-1: 지각된 반응성은 쇼핑몰에 대한 사회적 실재감에 긍정적인
영향을 미칠 것이다.

H 4-2: 지각된 반응성은 쇼핑몰에 대한 신뢰에 긍정적인 영향을 미
칠 것이다.

1.2.3 사생활보호, 사회적 실재감 그리고 쇼핑몰 신뢰

Hoffman 등(1999)은 온라인 신뢰의 핵심요인으로 안전성과 사생활
보호를 들고 있다. 그들은 웹 공급자의 행동을 통제할 수 있는 능력이
나 환경적 통제가 안전성과 사생활보호에 대한 인식에 직접적으로 영
향을 미친다고 하였다. 또한 온라인 학습에 관련된 연구결과에서도 개
인이 온라인 학습 환경을 개인적이지 않고 사생활을 보호받지 못한다
고 생각하면, 학습과정에서 적극적인 상호작용을 하지 않을 것이기 때
문에 사생활보호가 사회적 실재감 수준에 영향을 미치는 중요한 요인
이 될 수 있다고 한다. 따라서 온라인 학습 환경에서 사회적 실재감과
사생활보호 간의 관계를 검증해 볼 필요성이 존재한다(Gunawardena
1995). 사이버 공간에서는 익명의 상대와 의사소통을 하기 때문에 사
생활보호가 사회적 실재감 수준에 영향을 미치는 중요한 요인이 될
수 있다. 앞서 언급한 선행연구의 결과를 기반으로 다음과 같은 가설
을 설정할 수 있다.

H 5-1: 지각된 사생활 보호는 쇼핑몰에 대한 사회적 실재감에 긍정
적인 영향을 미칠 것이다.

H 5-2: 지각된 사생활 보호는 쇼핑몰에 대한 신뢰에 긍정적인 영향
을 미칠 것이다.

1.2.4 가상 공동체 지원, 사회적 실재감 그리고 쇼핑몰 신뢰

가상 공동체는 제공된 제품이나 서비스에 대한 의견이나 정보의 교환을 촉진하기 위해 전자 소매상(e-retailier)이 만들어서 관리하는 사회적 실체이며 이는 기존고객과 잠재고객으로 구성된다(Srinivasan et al. 2002). 소비자들은 가상 공동체를 통하여 자신의 구매와 관련된 정보를 탐색하고자 하며 유사한 욕구 및 경험을 지닌 다른 사람들과 연결하고 대화하고자 하는 욕구를 지닌다(Champy et al. 1996). 이러한 의미에서 쇼핑몰이 제공하는 쇼핑몰 게시판은 중요한 가상 공동체라고 할 수 있다. 예를 들어, 고객들로 이루어진 가상 공동체를 지원하는 인터넷 서점을 방문한 고객은 그들이 책을 구입하기 전에 그것을 이미 먼저 구매한 경험이 있는 다른 고객들의 의견을 살펴볼 수 있다. 또한 고객들은 책을 다 읽은 후 독서후기를 게시판에 제공할 수도 있다. Balasubramanian과 Mahajan(2001)이 지적했듯이, 가상 공동체는 정보화 시대에 있어 가장 흥미로운 발전 중의 하나이다. 많은 소비자들은 그들이 구매하려는 제품이나 서비스에 대한 정보를 얻기 위해 다른 소비자들의 의견을 듣고자 한다(Punj and Staelin 1983).

이런 면에서 가상 공동체를 통해 고객 간 정보교환을 지원함으로써 신뢰를 구축하는 것이 가능하다고 볼 수 있다(박종원 2002). 또한 사회 정체성 이론(social identity theory)에 의하면 컴퓨터를 매개로 한 대인적 상호작용을 통해서 사람들이 응집력과 애착을 형성할 수 있으며(Postmes, et al. 1998), 가상 공동체 내에서 구성원 간 활발한 사회적 상호작용은 사이트에 대한 일체감 및 소속감을 증가시키게 된다(Gruen et al. 2000)고 하였다(이태민 2004). Gunawardena(1995)은 상호작용성과 사회적 실재감의 개념을 구분하면서, 상호작용성은 사회적 실재감을 자극하기 위한 설계 또는 전략이라고 주장하였다. 따라서 우리는 다음과 같은 가설을 설정할 수 있다.

> H 6-1: 가상 공동체 지원은 쇼핑몰에 대한 사회적 실재감에 긍정적인 영향을 미칠 것이다.
>
> H 6-2: 가상 공동체 지원은 쇼핑몰에 대한 신뢰에 긍정적인 영향을 미칠 것이다.

1.3. 외재적 단서와 쇼핑몰 신뢰

마케팅 상황에서 신뢰에 관한 많은 분석은 사회심리학 분야의 개인 간의 관계에서 신뢰의 역할을 설명하기 위해 사용된 모형에 기초하여 이루어졌다(Pruitt 1981; Rotter 1967). 이러한 신뢰개발에 관한 연구들 중에서 Swan과 Nolan(1985)은 신뢰개발단계를 3단계로 나누었다. 첫 번째 단계에서는, 서로가 상대방의 신뢰성을 탐색할 수 있는 기회조차 없는 단계로 구매자와 판매자 간의 신뢰수준은 최저인 단계이다. 하지만 교환이 한번 발생하면, 신뢰는 두 번째 단계로 진입하는데, 이 단계에서는 구매자가 판매자의 약속이행 여부를 체크해 볼 수 있는 기회를 가질 수 있다. 따라서 신뢰는 약속된 수행성과 와 지각된 수행성과 간의 비교에 의해 형성된다. 마지막 단계에서는 판매자와의 상호작용에 의해 형성된 신뢰가 외부요인(구전정보, 외부보고서 등)과 결합하여 판매자에 대한 전반적인 인식이 형성된다고 하였다. 또한 Urban 등(2000)은 가상공간에서의 타인의 조언은 신뢰를 강화시킨다고 하였다. 따라서 다음과 같은 가설을 설정할 수 있다.

H 7-1: 쇼핑몰에 대한 우호적인 오프라인 구전정보는 쇼핑몰 신뢰에 긍정적인 영향을 미칠 것이다.

H 7-2: 쇼핑몰에 대한 우호적인 온라인 구전정보는 쇼핑몰 신뢰에 긍정적인 영향을 미칠 것이다.

1.4 사회적 실재감과 쇼핑몰 신뢰

신뢰는 일정기간 동안 다른 사람이나 조직과의 지속적인 인적 상호작용에 의해서 형성된다. 신뢰는 이러한 지속적인 인적 상호작용을 통해 상대방이 어떤 행동을 할 것인지에 대한 예상을 통해 형성된다(Blau 1964; Luhmann 1979). 이러한 사실은 인터넷 쇼핑몰 신뢰의 연구관점에서 보면 주목할 만한 사실로 전자상거래의 가장 특징짓는 특징이 인적 상호작용의 부재이기 때문이다(Gefen 2004).

이러한 사회적 상황은 신뢰의 중요한 특징이다(Blau 1964; Luhmann 1979). 그 이유는 일반적으로 신뢰는 다른 사람들과의 건설적인 상호작용을 통해 형성되기 때문이다(Blau 1964; Fukuyama 1995; Luhmann 1979). 신뢰대상과의 상호작용은, 그것이 면대면이거나 아니면 다른 수단을 통해서 이루어지는지에 상관없이, 신뢰의 전제조건이 되기 때문에 높은 수준의 사회적 실재감의 지각은 신뢰형성에 도움을 준다. 따라서 사회적 실재감은 쇼핑몰 관리자가 웹사이트를 통해 인적, 사회적, 감각적인 면대면 접촉감각을 제공함으로써 쇼핑몰 신뢰를 형성시킬 수 있다(Gefen 2004). 따라서 다음과 같은 가설을 설정할 수 있다.

H 8: 쇼핑몰에 대한 사회적 실재감은 쇼핑몰에 대한 신뢰에 긍정적인 영향을 미칠 것이다.

1.5 쇼핑몰 신뢰와 충성도

쇼핑몰들 간의 경쟁과 오프라인 매장과의 치열한 경쟁으로 인해, 많은 기업들은 강력한 고객관계 구축을 통해 경쟁우위를 달성하고자 한다. 특히 인터넷상에서는 신규 고객창출에 많은 비용이 들며, 또한 이 고객들이 지속적인 반복구매를 하지 않는다면 이익창출이 어려워진다 (Reichheld and Schefter 2000). 따라서 인터넷 쇼핑몰의 경우 기존 고객의 충성도를 높여 그들을 지속적으로 유지하는 것이 오프라인 점포의 경우보다 더욱 강조되고 있다(Gommans et al. 2001).

고객의 충성도를 높이는 주요 요인에는 고객만족, 신뢰, 전환비용 등이 있다(윤남수 등 2003). 전통적 상거래에 비해 인터넷 거래는 전환비용이 낮기 때문에 고객충성도가 낮아질 가능성이 있다(Bakos 1997). 반면 인터넷 거래는 개방적인 커뮤니케이션을 통해 고객에 대한 반응성을 높이고 거래비용을 감소시키며 최대한의 편의성을 제공할 수 있기 때문에 고객과의 지속적인 관계유지가 가능할 수도 있다(Reichheld and Schefter 2000).

신뢰가 고객 충성도를 형성하고 강화시킨다는 연구는 산업 간 구매시장에서 폭넓게 연구되어 왔다(Chaudhuri and Holbrook 2001; Cowles 1996; Doney and Cannon 1997). 신뢰는 교환관계에 있어 매우 중요한 요소로서, Spekman(1988)은 전략적 파트너십의 기초라고 주장하였으며, 또한 신뢰는 점포충성도나 몰입의 중요한 결정요인으로 밝혀졌다(Achrol 1991; Hrebiniak 1974; Moorman et al. 1993). Sharma 와 Patterson(2000)은 금융서비스를 대상으로 하여 만족뿐 아니라 신뢰가 관계몰입의 선행변수임을 검증하였다. 권순홍 등(2003)도 인터넷 쇼핑몰에 대한 신뢰 수준이 높아질수록 충성도가 높아진다고 하였다. 따라서 다음과 같은 가설을 설정할 수 있다.

H 9: 쇼핑몰에 대한 신뢰는 쇼핑몰 충성도에 긍정적인 영향을 미칠
    것이다

제2절 연구모형

앞서 제시한 가설을 기반으로 본 연구의 개념적인 틀을 제시하면
다음의 그림 〈3-1〉과 같다. 보다 구체적인 관계는 결과분석 부분에서
제시하도록 하고 본 절에서는 연구모형에 대한 전반적인 설명을 하고
자 한다.

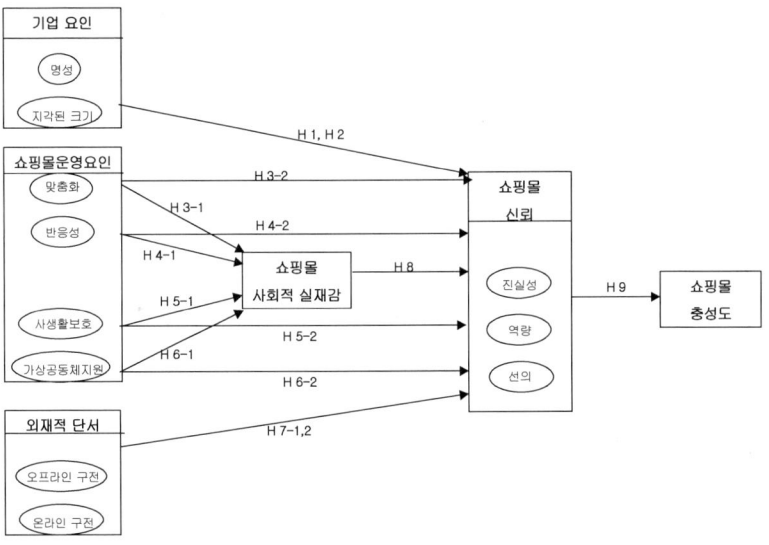

〈그림 3-1〉 연구의 개념적인 틀

본 연구에서는 인터넷 쇼핑몰 신뢰의 선행변수를 크게 4가지로 구분하였으며 이들 선행변수와 쇼핑몰 신뢰 간의 구조적인 관계를 중점적으로 살펴보고자 하였다. 쇼핑몰 신뢰의 4가지 변수로는 기업요인, 쇼핑몰 운영요인, 외재적 단서, 사회적 실재감이 있다. 기업요인은 쇼핑몰이 운영하는 기업 자체가 가지고 있는 특징으로 쇼핑몰 명성과 크기가 포함되었다. 쇼핑몰 운영요인은 소비자와 쇼핑몰 간의 직접적인 상호작용 과정을 통해 생겨날 수 있는 요인으로 고객에의 맞춤화, 반응성, 사생활보호, 가상 공동체 지원 등이 포함되어 있으며 이는 쇼핑몰 신뢰에 직접적으로 영향을 미칠 뿐 아니라 사회적 실재감을 통한 간접적인 영향을 미치는 것으로 그 관계를 설정하였다. 왜냐하면 상호작용 과정을 통해 생겨날 수 있는 이들 변수들에 대해 기존의 연구에서는 직접적인 영향관계만을 검증하였는데 이는 인터넷거래가 가지는 비대면적 인적 상호작용이라는 독특한 인터넷 환경의 특징을 고려하지 않았기 때문인 것으로 보인다. Gefen과 Straub(2004)은 인터넷상에서의 신뢰는 인터넷 거래관계의 일회성과 대면적 인적 상호작용이 존재하지 않는다는 사실로 인해 전통적 상거래에서의 신뢰와는 다른 독특성을 가진다고 하였다. 따라서 본 연구에서는 이러한 인터넷 환경의 특징을 반영하고 비대면적 인적 상호작용을 대신할 수 있는 개념으로 사회적 실재감을 도입하여 쇼핑몰 운영요인들이 쇼핑몰 신뢰에 대한 사회적 실재감에 영향을 미치고 이는 다시 쇼핑몰 신뢰에 영향을 미친다는 쇼핑몰 신뢰에 영향을 미치는 새로운 경로를 검증하고자 한다. 쇼핑몰 운영요인들은 직접적인 상호작용 과정을 거치므로 이 과정을 통해 소비자는 쇼핑몰에 대한 신뢰보다는 쇼핑몰에 대한 사회적 실재감을 보다 먼저 지각할 것으로 추론할 수 있다. 쇼핑몰 운영요인 중 가상 공동체 지원정도는 쇼핑몰이 이용자 간 정보교환을 활발히 할 수 있도록 지원하고 있다는 지각정도로서 직접적인 상호작용감이라기보다는 간접적인 측면이 강하기도 하지만 이러한 지각 역시 쇼핑몰에서 느끼는 사회적 실재감에 긍정적인 영향을 미칠 것으로 예상할 수 있다. 외재적 요인에는 쇼핑몰 생성과정 중 전이과정으로 설명되는 구전정보가 포함되었으며 이는 다시 오프라인 구전과 온라인 구전으로 구분되어 검증되었다. 그리고 쇼핑몰에 대한 사회적 실재감이 쇼핑몰 신뢰에 직접적인 영향을 미치는지 그리고 쇼핑몰 신뢰가 쇼핑몰 충성도에 긍정적인 영향을 미치는지를 살펴보고자 하였다. 끝으로 신뢰가 가지는 다차원성을 고려하여 쇼핑몰 신뢰개념을 3가지 차원, 즉 진실성, 역량, 선의로 구분하여 측정함으로써 선·후행변수 간의 관계에 대한 보다 깊은 이해를 제공하고자 하였다.

다차원적 e-trust 형성과정 모형

제4장

연구방법 및 가설검증

제1절 연구방법

1.1 자료수집 및 표본구성

실증분석을 위한 표본은 일정수준 이상의 인터넷 구매경험(3회 이상 인터넷 구매 경험이 있는 응답자)이 있는 20-40대를 대상으로 하였다. 이들은 비교적 인터넷 환경에 자주 노출되며 인터넷 구매에 대한 다양한 경험을 가지고 있어 본 연구의 응답대상으로 적합하다고 판단하였기 때문이다. 또한 이들은 향후 인터넷 쇼핑의 주도적인 소비주체로 부각될 가능성이 높은 집단이므로 이들의 인터넷 쇼핑행태는 쇼핑몰 운영업자에게는 매우 중요한 의미를 가질 것으로 기대된다.

설문지의 배포 및 수집은 2005년 9월 20일부터 28일까지 9일간에 걸쳐 일대일 면접을 통해 이루어졌고, 총 300부를 배포하여 256부가 회수되었으며 이들 중 기입오류 내지 누락, 불성실한 답변으로 판단되는 6부를 제외시킨 250부가 최종 분석에 사용되었다. 그리고 표본의 특성은 다음의 〈표 4-1〉과 같다. 응답자들이 가장 자주 이용하는 쇼핑몰로는 옥션, 디엔샵, 인터파크, G마켓(기타) 등으로 나타났으며, 해당 쇼핑몰 이용기간은 1년 미만인 경우가 약 47% 정도이고 1년 이상인 경우가 약 53% 정도로 나타났으며, 그중에서도 3년 이상 이용한 응답자도 16%나 되었다. 이 같은 사실은 쇼핑몰에 대해 기본적으로 잘 알고 있으며 단순한 쇼핑이나 정보검색뿐 아니라 해당 쇼핑몰에서 느껴지는 다양한 감정적 경험을 가지고 있을 가능성이 크다. 성별로는 남녀가 거의 비슷한 비율로 구성되어 있는 것으로 나타났다. 연령 및 직업별로는 20, 30대의 대학생 및 사무직으로 구성되어 있는데 이는 표

다차원적 e-trust 형성과정 모형

본의 대표성에는 문제가 있을 수 있으나 다른 한편으로는 인구 통계적 외생변수의 영향을 최소화할 수 있다는 장점도 존재한다.

<표 4-1> 표본의 특성

구 분		빈 도(명)	비 율(%)
가장 자주 찾는 쇼핑몰	인터파크	44	17.6
	삼성몰	2	0.8
	롯데닷컴	10	4.0
	SK디투디	1	0.4
	옥 션	76	30.4
	디엔샵	44	17.6
	GS eshop	11	4.4
	CJ몰	6	2.4
	기타(G마켓 등)	56	22.4
	합 계	250	100.0
이용기간	6개월 미만	79	31.6
	6개월 이상 - 1년 미만	39	15.6
	1년 이상 - 2년 미만	54	21.6
	2년 이상 - 3년 미만	38	15.2
	3년 이상	40	16.0
	합 계	250	100.0
성 별	남 자	129	51.6
	여 자	121	48.4
	합 계	250	100.0
연 령	20대	229	91.6
	30대	17	6.8
	40대	3	1.2
	50대	1	0.4
	합계	250	100.0
직 업	대학(원)생	210	84.0
	사무직	20	8.0
	기술/엔지니어링	5	2.0
	교직	9	3.6
	판매/서비스	1	0.4

구 분		빈 도(명)	비 율(%)
직 업	전문직	3	1.2
	자영업	1	0.4
	기 타	1	0.4
	합 계	250	100.0
학 력	고졸 이하	4	1.6
	대학(교)재학	227	90.8
	대학(교)졸업	6	2.4
	대학원재 이상	13	5.2
	합 계	250	100.0
월평균 소득	50만 원 미만	188	75.2
	50-100만 원 미만	26	10.4
	100-200만 원 미만	18	7.2
	200-400만 원 미만	16	6.4
	400만 원 이상	2	0.8
	합 계	250	100.0

1.2 변수측정

본 연구에 사용된 측정항목들은 대부분 기존 문헌에서 사용된 것이고 일부 본 연구의 목적에 맞게 수정되었다. 모든 항목들은 리커트형 5점 척도로 측정하였다.

1.2.1 쇼핑몰 명성

Doney와 Cannon(1997)의 공급기업과 판매기업 간의 신뢰에 관한 연구를 참고로 하여 쇼핑몰 명성을 고객이 쇼핑몰의 정직성과 고객에 대한 관심을 믿는 정도로 정의하고 측정항목으로는 Doney와 Cannon(1997), Koufaris와 Hampton-Sosa(2004) 등의 연구에서 사용된 측정항목을 쇼핑몰을 대상으로 하는 상황에 맞도록 수정하여 4개 항목으로 측정하였다.

1.2.2 쇼핑몰 크기

쇼핑몰 크기는 Jarvenpaa 등(2000)의 정의를 인용하여 소비자가 지각하고 있는 쇼핑몰의 크기로 쇼핑몰 구매자 수, 예상되는 판매량, 지각된 쇼핑몰의 크기 등으로 측정하였으며 구체적인 측정항목은 Jarvenpaa와 Tractinsky(1999), Jarvenpaa 등(2000)의 연구에 사용된 측정항목을 쇼핑몰이용 상황에 맞도록 수정하여 4개 항목으로 측정하였다.

1.2.3 맞춤화

Srinivasan 등(2002)에서 사용된 정의를 참고하여 맞춤화를 쇼핑몰이 다양한 개별고객의 필요에 따른 맞춤화된 서비스 제공정도로 정의하였으며 측정항목은 Gerbing과 Anderson(1988), Srinivasan 등(2002)의 연구에서 이용된 측정항목을 연구목적에 맞게 수정하여 4개 항목으로 측정하였다.

1.2.4 반응성

Divett 등(2003)의 연구를 참고하여 반응성을 쇼핑몰이 고객의 요구에 신속하고 성의 있게 응답하는 정도로 정의하였으며 구체적인 측정항목은 Ridings 등(2002), Divett 등(2003)이 이용한 측정항목을 연구상황에 맞게 수정하여 4개 항목으로 측정하였다.

1.2.5 사생활 보호

사생활 보호는 쇼핑몰에 제공한 개인적인 정보가 얼마나 안전한가에 대한 소비자의 지각으로 정의되며 측정항목은 Corbitt 등(2003)의 연구에서 사용된 4개의 측정항목으로 측정하였다.

1.2.6 가상 공동체 지원

가상 공동체 지원은 쇼핑몰이 자사의 고객 게시판을 통해 고객들 간의 정보공유를 지원하는 노력에 대한 소비자의 지각으로 정의되고 측정항목은 Srinivasan 등(2002)이 사용한 항목을 수정하여 4개 항목으로 측정하였다.

1.2.7 외재적 단서

외재적 단서는 온·오프라인상의 구전정보를 의미하는 것으로 본 연구에서는 온라인 구전정보를 쇼핑몰 게시판에 올라와 있는 쇼핑몰에 대한 우호적인 정보로 정의하였고 오프라인 구전정보는 응답자 주위사람들의 쇼핑몰에 대한 평가로 정의하였으며 이를 위한 측정항목은 Urban 등(2000)의 연구에서 사용한 항목을 온라인과 오프라인 상황에 맞도록 수정하여 각 2개 항목으로 측정하였다.

1.2.8 사회적 실재감

사회적 실재감은 Tu와 McIssac(2002)의 연구를 참고로 하여 소비자가 쇼핑몰에서 느끼는 쇼핑몰 운영자와 연결되어 있다는 느낌 또는 지각으로 정의되고 이를 측정하기 위해 Burke(1999), Gefen과

다차원적 e-trust 형성과정 모형

Straub(2004)의 연구에서 사용된 4개 항목으로 측정하였다.

1.2.9 쇼핑몰 신뢰

쇼핑몰 신뢰는 쇼핑몰의 진실성, 역량, 선의에 대한 신념으로 정의되고 이의 측정을 위해 Corbitt 등(2003), Gefen과 Straub(2004)의 연구에서 사용된 측정항목을 진실성 4개 항목, 역량 3개 항목, 선의 3개 항목으로 측정하였다.

1.2.10 쇼핑몰 충성도

쇼핑몰 충성도는 소비자가 가지는 쇼핑몰에 대해 가지는 호감 및 지속적 관계의도로 정의되며 Gremler(1995), Zeithaml 등(1996)의 연구에서 이용된 측정항목 5개 항목으로 측정하였다.

<표 4-2> 변수정의 및 측정항목

변 수	변수 정의	측정항목	출 처
쇼핑몰 명성	소비자가 쇼핑몰에 대해 지각 하고 있는 명성	쇼핑몰의 인지도 좋은 평판 정직하다는 평판 고객에 대한 높은 관심	Doney & Cannon(1997) Jarvenpaa 등(2000) Koufaris& Hampton-Sosa(2004)
쇼핑몰 크기	지각된 쇼핑몰의 크기	지각된 쇼핑몰의 크기 지각된 쇼핑몰 구매자 수 지각된 판매물량 지각된 쇼핑몰 규모	Jarvenpaa & Tractinsky(1999) Jarvenpaa 등(2000)
맞춤화	쇼핑몰이 개별고객에게 맞춤화된 서비스 제공	맞춤화된 구매추천 원하는 제품 주문가능 필요한 광고와 판촉정보제공 개별고객 욕구에 대한 지식	Gerbing & Anderson(1988), Srinivasan 등(2002)

변 수	변수 정의	측정항목	출 처
반응성	쇼핑몰의 고객요구에 대한 반응 정도	고객요구에 신속한 반응 고객 불만의 즉각적인 처리 고객요구를 성의껏 처리 쇼핑몰 운영에 고객의견 반영	Ridings 등(2002) Divett 등(2003) Corbitt 등(2003)
사생활 보호	개인정보 유출방지	타인의 개인정보에의 접근성 개인정보의 악용가능성 제3자에 의한 정보유출 개인정보 제공 시 불안함	Corbitt 등(2003)
가상 공동체 지원	쇼핑몰의 쇼핑몰 게시판 지원정도	고객 간 정보공유 지원 게시판 통한 유용한 정보제공 고객 간 의견교환 정도 고객들 간의 밀접한 관계형성	Srinivasan 등(2002)
외재적 단서	쇼핑몰에 대한 다른 사람의 평가	주위사람들의 만족 주위사람들의 신뢰 쇼핑몰에 대한 긍정적인 게시판 평가 제품 또는 배송에 대해 만족하는 글	Urban 등(2000)
사회적 실재감	쇼핑몰에서 느끼는 소비자의 사회적 실재감 정도	상대방 존재에 대한 인식 관리자와의 인간적인 관계 고객 간에 정감을 느낌 고객 간의 정감 있는 대화가능 고객들 간의 연계감	Burke(1999) Gefen & Straub(2004)
쇼핑몰 신뢰	진실성	속이지 않음 약속이행 약속의 신뢰성 정직한 관리자	Corbitt 등(2003) Gefen & Straub(2004)
	역 량	거래수행을 위한 기술보유 기술적인 문제 발생가능성 최상의 제품제공 능력	

변 수	변수 정의	측정항목	출 처
쇼핑몰 신뢰	선 의	고객이익 우선 착한 관리자 고객위주의 운영	Corbitt 등(2003) Gefen & Straub(2004)
e-loyalty	쇼핑몰에 대한 충성도	향후 지속적인 이용의도 인터넷 구매 시 먼저 방문 쇼핑몰 이용에 대한 호감 쇼핑몰에 대한 호감 쇼핑몰 상대적 이용 빈도	Gremler(1995) Zeithaml 등(1996)

제2절 가설검증

2.1 측정항목의 평가

본 연구에서는 추상적인 개념을 측정하기 위해 여러 가지 측정항목을 사용하였는데, 자료의 분석에 앞서 측정항목의 정교화 과정을 거쳤다. 이러한 정교화 과정은 측정항목의 신뢰성 분석 및 탐색적 요인분석을 위해 SPSS 10.0을 이용하여 분석을 진행하였다.

2.1.1 신뢰성 분석

다항목으로 측정된 이론변수는 이를 구성하는 측정항목들이 해당 이론변수를 적절하게 반영하였는가 하는 신뢰성을 평가할 필요가 있다 (Churchill 1979). 본 연구에서는 측정항목의 신뢰성 확인을 위해서 내적 일관성을 측정하는 데 주로 쓰이는 크론바하 알파(Cronbach's

Alpha)를 이용하였다. 본 연구에서 수행한 크론바하 알파값에 대한 측정치의 결과는 〈표 4-3〉와 같다. 표에서 최초 문항과 최종 문항 수에 있어 차이가 나는 요인은 최초 신뢰성 분석에서는 크론바하의 알파값이 모두 0.6 이상으로 신뢰성에는 문제가 없는 것으로 나타났으나 탐색적 요인 분석과정에서 측정항목이 탈락한 경우이다. 이에 따라 쇼핑몰 명성의 경우 최초 4개 항목에서 2개 항목으로, 맞춤화는 최초 4개 항목에서 3개 항목으로, 가상 공동체 지원의 경우 최초 5개 항목에서 4개 항목으로 감소하게 되었다. 일반적으로 사회과학 분야에서 Cronbach α 의 값이 0.8 이상이면 상당히 신뢰성이 높다고 볼 수 있으며, 그 값이 0.6 이상이면 측정도구의 신뢰성에는 큰 문제가 없다고 볼 수 있다(Nunnally 1978). 그러므로 본 연구의 측정변수의 크론바하 알파값이 대부분 0.6 이상으로 나타나 신뢰성에는 문제가 없는 것으로 나타났다.

<표 4-3 > 신뢰성 분석

구성개념	최초 문항수	최종 문항수	측정항목	Cronbach's α계수
쇼핑몰 명성	4	2	좋은 평판을 가지고 있음 정직하다는 평판을 가지고 있음	0.7218
쇼핑몰 크기	4	4	쇼핑몰이 매우 큰 기업인 것 같음 구매자 수가 많을 것 같음 판매량이 많을 것 같음 쇼핑몰의 규모가 상당히 큼	0.8629
맞춤화	4	3	나에게 알맞은 구매추천을 함 나에게 필요한 광고나 판촉물 제공 개인적인 필요를 잘 알고 있음	0.6946
반응성	4	4	요구에 신속히 응함 불만을 즉각적으로 처리함 고객 요구를 성의껏 처리 쇼핑몰 운영에 고객의견 반영	0.7867

다차원적 e-trust 형성과정 모형

구성개념		최초 문항수	최종 문항수	측정항목	Cronbach's α계수
사생활 보호		4	4	고객정보에 대한 불법적 접근불가능 고객정보를 악용하지 않음 정보유출이 발생하지 않음 개인정보 제공에 대한 불안감	0.8496
가상 공동체 지원		5	4	고객 간 제품정보의 공유 지원 게시판을 통한 정보획득의 용이 유익한 정보의 취득 가능성 고객들 간의 활발한 의사소통 지원	0.8363
오프라인 구전		2	2	주위사람들의 쇼핑몰에 대한 만족 주위사람들의 쇼핑몰에 대한 신뢰	0.7367
온라인 구전		2	2	전반적으로 긍정적인 게시판 글 제품 또는 배송에 대한 만족한 글	0.5757
사회적 실재감		5	4	인간적으로 느껴지는 쇼핑몰 관리자 사람들 간의 정감을 느낌 상대방과의 정감 있는 대화 가능 쇼핑몰과 고객과의 연계감	0.7445
신뢰차원	진실성	4	4	쇼핑몰이 속이지 않을 것임 고객과의 약속을 잘 이행함 쇼핑몰이 제시한 약속의 신뢰성 쇼핑몰 관리자는 정직한 사람임	0.7912
	역량	3	3	온라인 거래위한 기술과 능력 갖춤 기술적 문제 발생가능성 낮음 최상의 제품 제공능력	0.6677
	선의	3	3	고객의 이익을 먼저 생각함 쇼핑몰 관리자는 착한 사람임 고객위주의 쇼핑몰 운영	0.6883
쇼핑몰 충성도		5	5	향후 쇼핑몰 지속적 이용의도 인터넷 구매 시 최초방문 쇼핑몰 이용에 대한 만족 쇼핑몰에 대한 호감 쇼핑몰을 거의 항상 이용	0.8778

2.1.2 탐색적 요인분석

본 연구는 비교적 많은 측정지표들에 대하여 타당성 평가를 해야 하므로 외생변수와 내생변수로 나누어 요인분석을 실시하였다. 요인분석의 방법 중 탐색적 요인분석은 사전 연구가 되어 있지 않은 경우에 실시하는 방법을 말한다. 연구에 사용된 외생 및 내생 변수들에 대한 주성분 분석을 실시한 결과는 〈표 4-4〉와 〈표 4-5〉와 같다. 요인 간의 독립성을 확보하기 위해 배리맥스(varimax) 방법으로 요인회전을 실시하였다. 분석과정에서 여러 요인에 동시에 높은 적재치를 보인 변수를 제거하였다. 즉 외생변수 중에서는 명성 1, 4항목, 맞춤화 2항목 그리고 가상 공동체 지원 5항목이 제거되었으며, 내생변수 중에서는 쇼핑몰 실재감 1항목이 제거되었다. 이러한 정제과정을 거친 후 모든 요인들의 요인적재량은 0.3 이상, 총 분산에 대한 설명력(the variance extracted)은 0.5 이상을 보여야 하는데(Hair et al. 1995) 이 기준치들을 모두 충족시키고 있으므로 요인들의 타당성은 유지되고 있는 것으로 판단된다.

항목 기호	쇼핑몰 크기	사생활 보호	가상공동체 지원	반응성	맞춤화	쇼핑몰 명성	오프라인 구전	온라인 구전
rep2	.165	-.018	.183	.077	.035	**.812**	.174	.105
rep3	.088	.106	.053	.170	.139	**.824**	.113	.066
size1	**.815**	.061	-.050	.005	.043	.015	-.064	.028
size2	**.851**	.021	.094	.013	-.007	.164	.076	-.052
size3	**.831**	-.073	.118	-.060	-.085	.146	.104	-.086
size4	**.867**	.033	.043	.013	.034	-.042	-.021	.016
cus1	.029	.180	.021	.109	**.718**	.156	.118	.011
cus3	-.017	.013	.131	.067	**.767**	-.067	.105	-.009
cus4	-.012	-.005	.092	.138	**.809**	.106	-.019	.116
resp1	.054	.079	.023	**.618**	.158	.250	-.174	.195
resp2	-.036	.051	.190	**.846**	-.041	.028	.135	.043
resp3	-.044	.110	.090	**.815**	.140	.063	.172	.069
resp4	-.015	.107	.095	**.689**	.131	.021	.068	.110
priv1	.112	**.838**	.150	.038	.063	.036	-.085	.158
priv2	-.016	**.844**	.160	.099	.082	.108	.027	-.014
priv3	-.022	**.876**	.119	.047	.049	.052	.056	.057
priv4	-.004	**.696**	-.075	.151	.011	-.071	.130	.073
board1	.163	.055	**.645**	.284	.076	.081	.031	-.227
board2	.047	.070	**.862**	.065	-.033	.099	.099	.108
board3	.039	.069	**.873**	.083	.074	.048	.088	.139
board4	-.008	.151	**.787**	.069	.202	.045	-.010	.031
anoth1	.058	.023	.109	.181	.129	.087	**.848**	.060
anoth2	.018	.136	.086	.049	.106	.263	**.761**	.318
anoth3	-.011	.096	.014	.108	.017	.156	.209	**.808**
anoth4	-.085	.179	.117	.334	.115	.013	.083	**.679**
Eigen value	2.928	2.850	2.784	2.602	1.960	1.640	1.569	1.433
설명 변량	11.711	11.401	11.137	10.410	7.840	6.559	6.275	5.732
누적설 명변량	11.711	23.112	34.249	44.659	52.499	59.059	65.333	71.065

항 목	쇼핑몰 충성도	사회적 실재감	진실성	역 량	선 의
mallsp2	.110	**.730**	.197	-.113	.103
mallsp3	.169	**.830**	.086	.120	.149
mallsp4	.144	**.786**	-.011	.157	.171
mallsp5	.071	**.760**	.160	.140	.231
integ1	.189	.054	**.743**	.121	.127
integ2	.204	.158	**.811**	.161	.160
integ3	.195	.184	**.715**	.308	.092
integ4	.242	.071	**.651**	.120	.185
capa1	.111	.128	.320	**.673**	-.013
capa2	.028	.029	.070	**.827**	.100
capa3	.169	.079	.176	**.658**	.110
bene1	.180	.241	-.007	.155	**.780**
bene2	.116	.156	.279	.027	**.731**
bene3	.116	.244	.272	.058	**.620**
loyal1	**.713**	.163	.242	.124	.092
loyal2	**.828**	-.027	.102	.121	.192
loyal3	**.785**	.095	.288	.095	.091
loyal4	**.773**	.158	.303	.131	.200
loyal5	**.790**	.225	.055	-.046	-.041
Eigen value	3.373	2.762	2.754	1.876	1.842
설명변량	17.755	14.538	14.495	9.875	9.697
누적설명 변량	17.755	32.293	46.788	56.662	66.359

2.2 가설검증

앞서 제시한 본 연구의 연구모형은 Amos 4.0을 이용하여 검증하고자
한다. 본 연구는 가설검증을 위한 구조 방정식 모형의 검증에 있어

Anderson과 Gerbing(1988)이 제시한 이 단계 방식(two step approach)을 사용하였다. 실제로 구조 방정식 모형을 검증하는 데 있어, (1)확인 요인분석을 요인별로 실시한 후(즉 개별 요인에 대해 단일 차원성을 확인), 그 후에 전체요인에 대한 확인요인분석을 하고 구조방정식을 분석하는 연구도 있는 반면, (2)전체요인에 대한 확인요인분석만 실시하는 경우도 있고, (3)아예 그렇게 하지 않은 상태에서 바로 구조방정식 모형을 분석하는 경우도 있다. 일반적으로 이 단계 방식이라 하면, (1) 또는 (2)의 경우를 의미한다. 본 연구에서도 (2)의 절차를 따라 전체요인에 대한 확인적 요인분석을 실시한 후 전체 구조 방정식 모형을 검증하고자 한다.

2.2.1 확인적 요인분석

본 연구에 이용된 변수들을 측정하는 개별항목들은 대부분 선행연구를 토대로 하고 있다. 이들 선행연구에서는 각 변수를 측정하는 측정항목들을 제시하고 있으며, 본 연구에서는 이를 토대로 구성된 것이기에 측정항목 자체가 측정하고자 하는 속성 또는 개념을 측정할 수 있는가를 평가하는 내용타당성(content validity)은 확보되었다고 할 수 있다. 또한 탐색적 요인분석을 통해 판별타당성과 수렴타당성이 어느 정도 확인되었고, 요인별 단일 차원성 확인 및 통계적인 검증을 위해 확인적 요인분석을 실시하였다. AMOS에서는 수렴 타당성에 대해 구성개념과 지표 간의 유의한 경로계수가 존재하는지를 검토함으로써 검증할 수 있다. 각 요인별 구성개념의 최적상태를 도출하기 위해 GFI(Goodness-of-Fit: 0.9 이상이 바람직함), AGFI(Adjusted Goodness-of-Fit: 0.9 이상이 바람직함), RMR(Root Mean Square Residual: 0.05 이하면 바람직함),

IFI(Incremental Fit Index: 0.9 이상이 바람직함), CFI(Comparative Fit Index: 0.9 이상이 바람직함), RMSEA(Root Mean Square error of approximation: 0.05 이하면 바람직함), x^2에 대한 확률값(0.05 이상이면 바람직함) 등을 이용하였다. 외생변수와 내생변수에 대한 확인적 요인 분석 결과는 〈표 4-6〉과 〈표 4-8 〉에 나타나 있다.

〈표 4-6〉은 외생변수에 대한 확인적 요인분석 결과로서 측정모형의 적합도 지수를 살펴보면, x^2=342.71(p=0.00), x^2/df=342.71/247=1.388, GFI=0.902, AGFI=0.871, RMR=0.032, IFI=0.961, TLI=0.952, CFI=0.960, RMSEA=0.039로 나타났다. AGFI와 p값이 기준치에 미달 하나, 다른 지표들이 만족스럽게 나타나 모형의 적합도는 전반적으로 수용할 만한 수준이라 할 수 있다. 그리고 수렴타당성은 개별 측정변수 들의 복합신뢰도, AVE에 대해 Bagozzi와 Yi(1988)가 제시한 기준(복합 신뢰도 0.6이상, AVE 0.5이상)과 람다계수에 대한 t값의 유의성과 평균 추출분산으로 평가할 수 있다(Fornell and Larcker 1981). 〈표 4-6〉에서 보는 바와 같이 각 구성개념과 지표 간 경로계수인 람다계수 값은 α = 0.01(|t|>2.58)에서 모두 유의적인 것으로 나타났고 AVE도 모두 0.5이상 을 보이고 있어 수렴타당성이 확인되었다.

다차원적 e-trust 형성과정 모형

<표 4-6> 외생변수의 확인적 요인분석

구성개념		측정 변수 기호	표준 요인 적재치	표준 오차	t	복합 신뢰도	AVE	적합지수
외 생 변 수	쇼핑몰 명성	rep2	0.777			0.724	0.568	x^2=342.71 (p=0.00), x^2/df=1.388 GFI=0.902, AGFI=0.871, RMR=0.032, IFI=0.961, TLI=0.952, CFI=0.960 RMSEA=0.039
		rep3	0.729	0.134	7.685			
	쇼핑몰 크기	size1	0.677			0.868	0.624	
		size2	0.867	0.086	11.601			
		size3	0.844	0.090	11.422			
		size4	0.758	0.092	10.503			
	맞춤화	cus1	0.722			0.774	0.534	
		cus3	0.706	0.140	6.818			
		cus4	0.763	0.158	6.996			
	반응성	resp1	0.547			0.801	0.510	
		resp2	0.804	0.187	8.310			
		resp3	0.848	0.179	8.427			
		resp4	0.611	0.162	7.162			
	사생활 보호	priv1	0.815			0.858	0.608	
		priv2	0.827	0.060	14.331			
		priv3	0.877	0.072	15.122			
		priv4	0.560	0.072	8.928			
	가상 공동체 지원	board1	0.563			0.845	0.583	
		board2	0.848	0.173	9.137			
		board3	0.889	0.172	9.266			
		board4	0.712	0.189	8.318			
	오프라인 구전	anoth1	0.655			0.757	0.615	
		anoth2	0.895	0.202	7.497			
	온라인 구전	anoth3	0.718			0.712	0.553	
		anoth4	0.769	0.201	6.680			

다음으로 측정모델이 다음의 2가지 조건을 만족시키는지 여부를 검토함으로써 판별 타당성을 평가하였다. 첫째, 구성개념 간 상관관계를 보여주는 상관계수의 신뢰구간에 1.0이 포함되지 않아야 한다(Anderson and Gerbing 1988). 둘째, 이전의 조건보다 더 엄격한 테스트로서 평균추출분산(AVE)이 모든 구성개념 간 상관자승치(squared correlation)보다 커야 한다(Fornell and Larcker 1981).

<표 4-7> 외생변수의 구성개념 간 상관행렬

	쇼핑몰 명성	쇼핑몰 크기	맞춤화	반응성	사생활보호	가상 공동체	오프라인 구전	온라인 구전
쇼핑몰 명성		0.099	0.094	0.110	0.030	0.106	0.276	0.162
쇼핑몰 크기	0.315** (0.023)		0.000	0.000	0.001	0.023	0.011	0.010
맞춤화	0.307** (0.024)	0.002 (0.001)		0.125	0.044	0.067	0.088	0.106
반응성	0.332** (0.065)	-0.026 (-0.007)	0.354** (0.088)		0.066	0.107	0.105	0.306
사생활 보호	0.172* (0.062)	0.038 (0.018)	0.209** (0.095)	0.257** (0.094)		0.078	0.055	0.139
가상 공동체	0.326** (0.060)	0.152* (0.038)	0.258** (0.060)	0.327** (0.061)	0.279** (0.095)		0.079	0.080
오프라인 구전	0.525** (0.092)	0.104 (0.024)	0.296** (0.065)	0.324** (0.057)	0.235** (0.076)	0.281** (0.046)		0.378
온라인 구전	0.402** (0.068)	-0.099 (-0.022)	0.325** (0.069)	0.553** (0.094)	0.373** (0.116)	0.282** (0.045)	0.615** (0.093)	

주1) 대각선 아래쪽은 구성개념 간 상관계수(괄호 안의 숫자는 표준오차)이며, 대각선 위쪽은 구성개념 간 상관자승치(squared correlation).
주2) 유의수준: * $p<0.05$, ** $p<0.01$

〈표 4-7〉은 외생변수의 구성개념들 간의 상관계수를 나타낸 것으로, 모든 상관계수의 신뢰구간에 1.0이 포함되지 않고 있으므로, 구성개념들 간에 판별타당성이 존재한다고 볼 수 있다. 그리고 〈표 4-6〉의 AVE와 〈표 4-7〉의 대각선 위쪽에 나타낸 구성개념 간의 상관 자승치를 비교해보면, 각 구성개념의 AVE가 모든 구성개념 간 상관자승치보다 큰 것을 확인할 수 있으므로(즉 반응성의 AVE가 0.510로 가장 작은데, 이는 구성개념 간 상관자승치에서 가장 큰 값을 나타내고 있는 오프라인 구전과 온라인 구전 간의 0.378보다 크다) Fornell과 Larcker(1981)가 제시한 판별타당성 조건을 충족시키고 있다고 할 수 있다. 이상의 2가지 검점에 대한 결과를 통해서, 외생변수에 포함된 8개의 구성개념들 간의 판별타당성이 확인되었다.

<표 4-8> 내생변수의 확인적 요인분석

구성개념		측정변수 기호	표준요인 적재치	표준 오차	t	복합 신뢰도	AVE	적합지수
내생변수	쇼핑몰 실재감	mallsp2	0.633			0.837	0.564	x^2=222.54 (p=0.00) x^2/df=1.567 GFI=0.915, AGFI=0.887 RMR=0.027, IFI=0.960, TLI=0.951, CFI=0.959 RMSEA=0.048
		mallsp3	0.839	0.128	10.106			
		mallsp4	0.754	0.123	9.489			
		mallsp5	0.764	0.113	9.574			
	진실성	integ1	0.705			0.832	0.556	
		integ2	0.839	0.088	11.656			
		integ3	0.784	0.092	11.078			
		integ4	0.639	0.087	9.197			
	역량	capa1	0.790			0.859	0.671	
		capa2	0.881	0.167	6.628			
		capa3	0.782	0.151	6.633			
	선의	bene1	0.770			0.800	0.575	
		bene2	0.850	0.102	7.814			
		bene3	0.639	0.130	7.729			
	쇼핑몰 충성도	loyal1	0.734			0.884	0.606	
		loyal2	0.748	0.103	11.536			
		loyal3	0.835	0.094	12.927			
		loyal4	0.883	0.097	13.601			
		loyal5	0.673	0.123	10.328			

다음으로 〈표 4-8〉은 내생변수에 대한 확인적 요인분석 결과로서 측정모형의 적합도 지수를 살펴보면, x^2=222.54(p=0.00), x^2/df=222.54 / 142=1.567, GFI=0.915, AGFI=0.887, RMR=0.027, IFI=0.960, TLI=0.951, CFI=0.959, RMSEA=0.048로 나타났다. AGFI와 p값이 기준치에 미달하나, 다른 지표들이 만족스럽게 나타나 모형의 적합도는 전반적으로 수용할 만한 수준이라 할 수 있다. 또한 모든 개별 측정변수들의 복합신뢰도, AVE가 각각 0.6이상, 0.5이상을 충족시키고 있고 〈표 4-8〉에서 보는 바와 같이 각 구성개념과 지표 간 경로계수인 람다계수 값은 α = 0.01($|t|$>2.58)에서 모두 유의적인 것으로 나타나고 있어 수렴타당성이 확인되었다.

그리고 판별타당성을 평가하기 위해 앞서 외생변수에 적용된 기준을 사용하였는데, 〈표 4-9〉에 나타난 바와 같이 모든 상관계수의 신뢰구간에 1.0이 포함되지 않고 있으므로, 구성개념들 간에 판별타당성이 존재한다고 볼 수 있다. 그리고 〈표 4-8〉의 AVE와 〈표 4-9〉의 대각선 위쪽에 나타낸 구성개념 간의 상관자승치를 비교해보면, 각 구성개념의 AVE가 모든 구성개념 간 상관자승치보다 큰 것을 확인할 수 있으므로(즉 진실성의 AVE가 0.556으로 가장 작은데, 이는 구성개념 간 상관자승치에서 가장 큰 값을 나타내고 있는 신뢰의 역량 차원과 진실성차원 간의 0.425보다 크다) Fornell과 Larcker(1981)가 제시한 판별타당성 조건을 충족시키고 있다고 할 수 있다. 이상의 2가지 검점에 대한 결과를 통해서, 내생변수에 포함된 5개의 구성개념들 간의 판별타당성이 확인되었다.

<표 4-9> 내생변수의 구성개념 간 상관행렬

	사회적 실재감	진실성	역 량	선 의	쇼핑몰 충성도
사회적 실재감		0.174	0.132	0.423	0.166
진실성	0.417** (0.024)		0.425	0.356	0.377
역량	0.364** (0.022)	0.652** (0.024)		0.180	0.192
선의	0.650** (0.031)	0.597** (0.027)	0.424** (0.023)		0.278
쇼핑몰 충성도	0.408** (0.023)	0.614** (0.025)	0.438** (0.021)	0.527** (0.025)	

주1) 대각선 아래쪽은 구성개념 간 상관계수(괄호 안의 숫자는 표준오차)이며,
대각선 위쪽은 구성개념 간 상관자승치(squared correlation).
주2) 유의수준: **p<0.01

2.2.2 가설검증과 결과분석

본 연구에서 제시된 가설은 공분산 구조모델을 통하여 검증하였다. 전체 연구모형의 적합도는 x^2=910.34(p=0.00), x^2/df=910.34/809 =1.125, GFI=0.826, AGFI=0.795, RMR=0.034, IFI=0.928, TLI=0.917, CFI=0.926, RMSEA=0.041로 나타나 이 모형의 적합도는 전반적으로 수용할 만한 수준으로 판단된다.

가설검증 결과는 다음의 〈표 4-10〉과 같다.

<표 4-10> 가설검증 결과

연구가설	연구가설의 경로구조	표준화 경로 계수	표준 오차	t	채택 여부
가설 1	쇼핑몰명성 → 쇼핑몰신뢰				기각
가설 1-1	쇼핑몰명성 → 진실성	0.143	0.146	1.130	기각
가설 1-2	쇼핑몰명성 → 역량	0.026	0.144	0.172	기각
가설 1-3	쇼핑몰명성 → 선의	-0.014	0.137	-0.122	기각
가설 2	쇼핑몰크기 → 쇼핑몰신뢰				부분채택
가설 2-1	쇼핑몰크기 → 진실성	0.169	0.090	1.584	기각
가설 2-2	쇼핑몰크기 → 역량	0.383	0.091	2.941***	채택
가설 2-3	쇼핑몰크기 → 선의	0.139	0.082	1.450	기각
가설 3-1	맞춤화 → 사회적 실재감	0.240	0.078	2.933***	채택
가설 3-2	맞춤화 → 쇼핑몰신뢰				기각
가설 3-2-1	맞춤화 → 진실성	0.165	0.093	1.574	기각
가설 3-2-2	맞춤화 → 역량	-0.060	0.092	-0.485	기각
가설 3-2-3	맞춤화 → 선의	0.157	0.090	1.571	기각
가설 4-1	반응성 → 사회적 실재감	0.359	0.101	4.160***	채택
가설 4-2	반응성 → 쇼핑몰신뢰				기각
가설 4-2-1	반응성 → 진실성	-0.132	0.182	-0.798	기각
가설 4-2-2	반응성 → 역량	-0.336	0.177	-1.725	기각
가설 4-2-3	반응성 → 선의	-0.012	0.157	-0.086	기각
가설 5-1	사생활보호 → 회적실재감	0.205	0.046	2.969***	채택
가설 5-2	사생활보호 → 쇼핑몰신뢰				부분채택
가설 5-2-1	사생활보호 → 진실성	0.166	0.068	1.527	기각
가설 5-2-2	사생활보호 → 역량	0.213	0.066	1.671*	채택
가설 5-2-3	사생활보호 → 선의	0.013	0.061	0.133	기각

다차원적 e-trust 형성과정 모형

연구가설	연구가설의 경로구조	표준화 경로 계수	표준 오차	t	채택 여부
가설 6-1	가상공동체지원 → 사회적 실재감	0.073	0.090	1.047	기각
가설 6-2	게시판지원 → 쇼핑몰신뢰				부분채택
가설 6-2-1	가상공동체지원 → 진실성	-0.019	0.109	-0.211	기각
가설 6-2-2	가상공동체지원 → 역량	0.102	0.109	0.944	기각
가설 6-2-3	가상공동체지원 → 선의	0.174	0.106	1.995**	채택
가설 7-1	오프라인 구전 → 쇼핑몰신뢰				기각
가설 7-1-1	오프라인 구전 → 진실성	-0.236	0.255	-1.162	기각
가설 7-1-2	오프라인 구전 → 역량	-0.251	0.237	-1.099	기각
가설 7-1-3	오프라인 구전 → 선의	-0.295	0.218	-1.704	기각
가설 7-2	온라인 구전 → 쇼핑몰신뢰				채택
가설 7-2-1	온라인 구전 → 진실성	0.867	0.539	2.634***	채택
가설 7-2-2	온라인 구전 → 역량	0.955	0.496	2.606***	채택
가설 7-2-3	온라인 구전 → 선의	0.513	0.421	2.007**	채택
가설 8	사회적실재감 → 쇼핑몰신뢰				부분채택
가설 8-1	사회적실재감 → 진실성	-0.012	0.071	-0.158	기각
가설 8-2	사회적실재감 → 역량	0.074	0.075	0.759	기각
가설 8-3	사회적실재감 → 선의	0.388	0.093	3.909***	채택
가설 9	쇼핑몰신뢰 → 쇼핑몰충성도				부분채택
가설 9-1	진실성 → 쇼핑몰충성도	0.458	0.102	4.483***	채택
가설 9-2	역량 → 쇼핑몰충성도	0.044	0.116	0.455	기각
가설 9-3	선의 → 쇼핑몰충성도	0.273	0.085	3.180***	채택

주) 유의수준: * p<0.1, **p<0.05, *** p<0.01

가설검증 결과를 보다 구체적으로 살펴보면 다음과 같다. 먼저, 쇼핑몰 명성이 쇼핑몰 신뢰에 영향을 미칠 것이라는 가설 1은 기각되었다. 쇼핑몰 명성은 쇼핑몰 신뢰의 3가지 차원 어느 것에도 영향을 미치지 않는 것으로 나타났다. 지금까지의 연구에서 일반적으로 명성은 신뢰에 영향을 미치는 것으로 나타났으나 본 연구에서는 그렇지 못한 것으로 나타났다. 이는 본 연구의 설문내용과 대상에 그 이유를 찾아볼 수 있을 것 같다. 즉 본 연구의 설문대상은 인터넷 구매를 최소한 3회 이상 해본 경험이 있는 소비자들로 구성되어 있으며 또한 응답자들은 자신이 가장 자주 이용하는 쇼핑몰을 대상으로 응답하였다. 따라서 이러한 응답자들에게 있어서는 쇼핑몰 명성이 해당 쇼핑몰을 신뢰하는 데 그리 중요한 역할을 하지 않는 것으로 추론할 수 있다. 즉 쇼핑몰 명성은 쇼핑몰을 처음 방문하는 고객에게는 중요한 신뢰 단서가 될 수 있으나 그 쇼핑몰을 자주 이용하는 소비자에게 있어서는 쇼핑몰 명성이 더 이상 중요한 신뢰 단서가 될 수 없으며 오히려 고객과 쇼핑몰과의 상호작용 과정에서 지각할 수 있는 인지적, 감정적 단서들이 쇼핑몰 신뢰에 더욱 중요할 것으로 보인다.

둘째, 쇼핑몰 크기가 쇼핑몰 신뢰에 영향을 미칠 것이라는 가설 2는 부분적으로 채택되었다. 즉 쇼핑몰 크기가 쇼핑몰 신뢰의 차원 중 진실성과 선의 차원에는 통계적으로 유의한 영향을 미치지 않는 것으로 나타났으며 쇼핑몰 신뢰의 역량 차원에는 상당히 큰 영향을 미치는 것으로 나타났다. 즉 소비자에 의해 지각되는 쇼핑몰의 규모, 판매량의 정도와 같은 요인은 소비자로 하여금 쇼핑몰의 업무처리나 기술적 문제의 해결능력에 대한 믿음을 가지게 한다고 볼 수 있다. 따라서 소비자에게 자사의 역량에 대한 믿음을 심어주고자 한다면, 자사의 판매량이나 시장점유율과 같은 기업규모와 관련되는 자료를 지속적으로

다차원적 e-trust 형성과정 모형

제시함으로써 오프라인 거래에 비해 상대적으로 위험을 많이 느끼는 온라인 거래를 자사가 능숙하고 전문적으로 해낼 수 있다는 사실을 암시해 줄 필요가 있을 것이다.

셋째, 쇼핑몰의 고객욕구에의 맞춤화 정도가 쇼핑몰에 대한 사회적 실재감에 영향을 미칠 것이라는 가설 3-1은 채택되었으며, 맞춤화 정도가 쇼핑몰 신뢰에 영향을 미칠 것이라는 가설 3-2는 기각되었다. 쇼핑몰 운영요인 중 첫 번째 변수인 맞춤화는 인터넷 쇼핑몰이 오프라인 점포에 비해 가지는 강점 중 하나이다. 하지만 이러한 쇼핑몰의 맞춤화 정도는 쇼핑몰 신뢰에 직접적인 영향을 미치지는 않는 것으로 나타났으나 사회적 실재감에 유의한 영향을 미치는 것으로 나타났다. 이는 맞춤화 정도가 쇼핑몰 신뢰에 직접적이 아닌 간접적인 영향을 미칠 수 있음을 보여준다. 또한 이러한 결과는 쇼핑몰이 고객 한 사람 한 사람의 필요에 맞는 구매추천이나 정보를 제공함으로써 비인적 커뮤니케이션을 '인적 커뮤니케이션화'할 수 있음을 암시한다고 볼 수 있겠다.

넷째, 쇼핑몰의 반응성이 쇼핑몰에 대한 사회적 실재감에 영향을 미칠 것이라는 가설 4-1은 채택되었으며 반응성이 쇼핑몰 신뢰에 영향을 미칠 것이라는 가설 4-2는 기각되었다. 이러한 사실은 오프라인 관계에서 밝혀진 연구결과와 약간 상이하다고 볼 수 있다. 즉 오프라인 거래에서 반응성은 일반적으로 만족, 신뢰, 재구매 의도 등에 직접적인 영향을 미치는 것으로 나타나고 있다. Conlon과 Murray(1996)는 반응속도(반응성)와 재구매 의도(충성도의 결과) 간의 긍정적인 관계를 발견하였으며 불평관리의 차원으로서의 반응성 역시 고객만족에 영향을 미친다고 하였다(Richins 1983; Saunders et al. 1992). 인적자원 관리 분야의 연구 중 Saunders 등(1992)의 연구에서는 조직 내 직접적인 커뮤니케이션을 유도하기 위해 필요한 두 가지 요소로 접근성과 반응성을 지적하면서 종업원이 지각하는 감독자에 대한 접근성과 반응성이 종업원의 조직몰입에 영향을 미친다는 사실을 조사하였다. 이처럼 교환이 이루어지거나 관계가 맺어지는 환경적인 차이로 인해 반응성이 영향을 미치는 결과변수가 다른 것으로 나타나고 있다. 특히 인터넷 환경에서는 직접 대면하는 인적 상호작용이 존재하지 않으므로 반응성이 직접적으로 신뢰에 영향을 미친다기보다는 사회적 실재감을 통해서 신뢰에 영향을 미치는 것으로 보인다. 이러한 사회적 실재감에 대한 매개효과는 이후의 추가분석에서 자세히 살펴보기로 한다.

다섯째, 사생활보호가 쇼핑몰에 대한 사회적 실재감에 영향을 미칠 것이라는 가설 5-1은 채택되었으며 사생활보호가 쇼핑몰 신뢰에 영향을 미칠 것이라는 가설 5-2는 부분채택되었다. 즉 사생활보호는 신뢰의 3가지 차원 중 역량 차원에만 유의한 영향을 미치는 것으로 나타났다. 이러한 결과 역시 맞춤화, 반응성에 관한 결과와 유사하게 해석할 수 있다. 즉 지금까지의 쇼핑몰 신뢰에 관한 연구에서는 사생활보호가 신뢰에 직접적인 영향을 미치는 것으로 보고되었으나 사실은 사회적 실재감을 통해 영향을 미치고 있는 것으로 볼 수 있다. 쇼핑몰이 개인적인 정보를 철저히 보호하고 악용되지 않도록 한다는 사실로 인해 고객은 쇼핑몰에 대한 사회적 실재감을 느끼며 이러한 사회적 실재감은 신뢰에 영향을 미치고 있는 것이라고 볼 수 있다. 또 다른 한편으로는 지금까지의 연구에서는 주로 신뢰의 역량 차원에 대해서만 측정하였기 때문에 사생활보호가 쇼핑몰 신뢰에 직접적인 영향을 미치는 것으로 나타났다고 추론할 수도 있다.

여섯째, 가상 공동체 지원활동이 사회적 실재감에 영향을 미칠 것이라는 가설 6-1은 기각되었으며, 가상 공동체 지원활동이 쇼핑몰 신뢰에 영향을 미칠 것이라는 가설 6-2는 부분적으로 채택되었다. 가상 공동체 지원에 대한 고객의 지각은 쇼핑몰 신뢰 차원 중 선의 차원에 유의한 영향을 미치는 것으로 나타났다. 고객 간의 원활한 의사소통에 대한 지원은 고객으로 하여금 쇼핑몰이 고객의 입장에서 운영하고 있으며 고객의 유익을 먼저 생각하는 기업임을 판단하도록 만든다고 볼 수 있다. 하지만 고객 간의 의사소통을 지원하는 활동이 지각된 쇼핑몰의 역량이나 진실성 제고에는 유의한 영향을 미치지 않는 것으로 나타났다.

　일곱째, 외재적 단서 중 오프라인 구전정보가 쇼핑몰 신뢰에 영향을 미칠 것이라는 가설 7-1은 기각되었으며, 온라인 구전정보가 쇼핑몰 신뢰에 영향을 미칠 것이라는 가설 7-2는 채택되었다. 즉 온라인 구전정보는 쇼핑몰의 진실성, 역량, 선의 3가지 차원에 긍정적인 영향을 미치는 것으로 나타났다. 이는 온라인 구전정보에 비해 오프라인 구전정보가 신뢰성이 높아 신뢰에의 영향력이 더 클 것이라는 일반적인 생각과는 반대의 결과로 볼 수 있다. 하지만 최근의 연구(Chatterjee 2001)에 의하면, 온라인 구전정보는 오프라인 구전정보에 비해 훨씬 강력하게 소비자의 태도 및 구매의사결정에 영향을 미치는 것으로 나타나고 있다. 게시판에 올라와 있는 다른 사람들의 평가가 오히려 가깝고 직접적으로 느껴지기 때문에 쇼핑몰에 대한 신뢰에 영향이 더 크다고 볼 수 있다. 또한 온라인 구전은 오프라인 구전보다 훨씬 더 다양한 정보를 제공하며 많은 사람들의 의견을 들을 수 있기 때문에 익명성으로 인한 정보의 신뢰성을 상쇄시키면서 쇼핑몰 신뢰에 강력한 영향을 미치는 것으로 보인다.

　여덟째, 사회적 실재감이 쇼핑몰 신뢰에 영향을 미칠 것이라는 가설 8은 부분적으로 채택되었다. 사회적 실재감은 쇼핑몰 신뢰 차원 중 진실성과 역량에는 유의한 영향을 미치지 않는 것으로 나타났으며, 선의에는 유의한 영향을 미치는 것으로 나타났다. 쇼핑몰에서 느껴지는 인간적인 유대감이나 연결감은 쇼핑몰이 고객의 유익을 우선시할 것이라는 지각으로 자연스럽게 연결될 수 있다는 점을 시사한다고 볼 수 있다. 최근 인터넷 쇼핑몰에 대한 불신 중 불안전한 거래와 같은 역량적인 측면에 대한 것뿐 아니라 쇼핑몰이 고객의 이익보다는 자사의 이익을 위해 고객을 이용할 가능성에 대한 측면도 부각되고 있는 시점에서 쇼핑몰의 선의에 대한 지각을 강화시키는 것은 중요한 이슈이다. 따라서 쇼핑몰은 사회적 실재감에 영향을 미치는 요인을 발견하고 이를 강화시키기 위해 지속적으로 노력해야 할 필요성이 있을 것이다.

마지막으로, 쇼핑몰 신뢰가 쇼핑몰 충성도에 영향을 미칠 것이라는 가설 9는 부분적으로 채택되었다. 쇼핑몰 신뢰 차원 중 진실성과 선의는 쇼핑몰 충성도에 유의한 영향을 미치는 것으로 나타났으며, 역량은 쇼핑몰 충성도에 유의한 영향을 미치지 않는 것으로 나타났다. 지속적으로 쇼핑몰과 호의적인 관계를 가지면서 반복적인 구매를 유도하는 요인은 쇼핑몰의 진실성과 선의에 대한 믿음으로 나타났다. 이는 이미 해당쇼핑몰에서 여러 번 구매경험이 있는 고객은 역량과 같은 인지적인 요소가 아닌 진실성, 선의와 같은 감성적인 요인에 의해 더 큰 영향을 받는다는 사실을 보여주고 있다. 또한 구매경험이 있는 고객에 있어서는 정보 유출이라든지 거래의 안전성은 더 이상 재구매 또는 지속적인 관계를 맺고자 하는 의지에 영향을 미치지 않는 것으로 볼 수 있다. 만약 신규고객이나 쇼핑몰을 자주 이용하지 않는 고객이라면 거래의 안전성이나 정보보호 등이 중요한 요인이 될 수 있고 기존의 여러 연구에서 이러한 사실은 밝혀진 바 있다. 하지만 경쟁이 치열해지면 중요한 패러다임이 되고 있는 관계마케팅의 중요한 이슈인 기존 고객을 유지를 위해서는 쇼핑몰의 진실성과 선의에 대한 믿음을 강화시키는 것이 더욱 효과적임을 시사한다.

　지금까지의 가설 검증 결과를 하나의 그림으로 나타내면 다음과 같다.

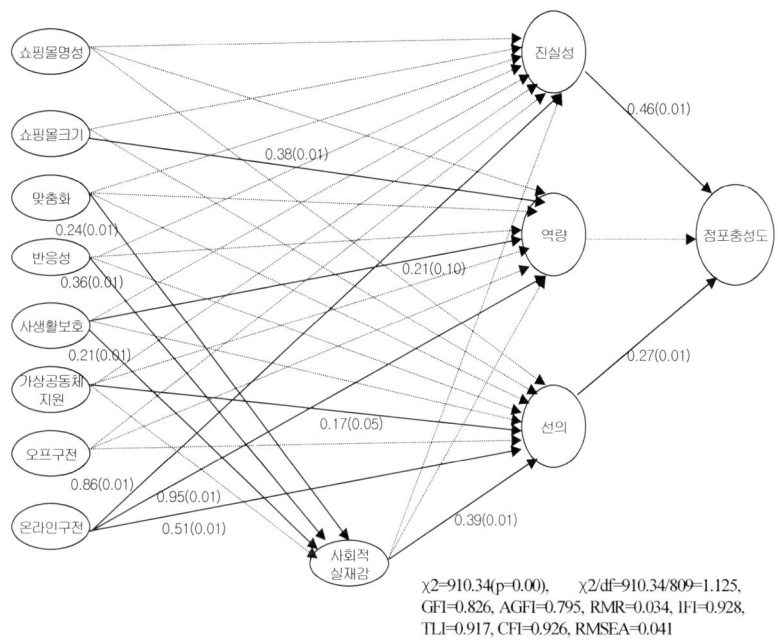

〈그림 3-2〉 연구모형의 경로계수

　다음은 쇼핑몰 신뢰에 대한 사회적 실재감의 매개효과를 검증한 결과이다. 먼저 쇼핑몰 신뢰의 진실성 차원에 대한 사회적 실재감의 매개효과를 검증한 결과, 쇼핑몰 운영요인 중에서 쇼핑몰 진실성 차원에 유의한 간접영향을 미치는 변수는 없는 것으로 나타났다.

<표 4-11> 쇼핑몰 신뢰(진실성)에 대한 사회적 실재감의 매개효과

독립변수 및 매개변수	매개변수 및 종속변수	매개변수 사회적실재감	종속변수 쇼핑몰 신뢰(진실성)		
			직접효과	간접효과	총효과
독립 변수	맞춤화	0.240***	0.165	-0.003	0.162
	반응성	0.359***	-0.132	-0.004	-0.136
	가상공동체지원	0.073	-0.019	-0.001	-0.020
	사생활보호	0.205***	0.166	-0.002	0.164
매개변수	사회적 실재감		-0.012		-0.012

※유의수준: * p<0.1, **p<0.05, *** p<0.01

다음으로 쇼핑몰 신뢰의 역량 차원에 대한 사회적 실재감의 매개효과를 검증한 결과, 쇼핑몰 운영요인 중에서 쇼핑몰 신뢰의 역량 차원에 유의한 간접영향을 미치는 변수는 없는 것으로 나타났다. 한편, 사생활 보호는 쇼핑몰 신뢰의 역량 차원에 직접적인 영향을 미치는 것으로 나타났다.

<표 4-12> 쇼핑몰 신뢰(역량)에 대한 사회적 실재감의 매개효과

독립변수 및 매개변수	매개변수 및 종속변수	매개변수 사회적실재감	종속변수 쇼핑몰 신뢰(역량)		
			직접효과	간접효과	총효과
독립 변수	맞춤화	0.240***	-0.060	0.018	-0.042
	반응성	0.359***	-0.336	0.027	-0.309
	가상공동체지원	0.073	0.102	0.005	0.107
	사생활보호	0.205***	0.213*	0.015	0.228*
매개변수	사회적 실재감		0.074		0.074

※유의수준: * p<0.1, **p<0.05, *** p<0.01

다음으로 쇼핑몰 신뢰의 선의 차원에 대한 사회적 실재감의 매개효과를 검증한 결과, 쇼핑몰 운영요인 중에서 맞춤화, 반응성, 사생활 보호가 유의한 간접영향을 미치는 것으로 나타났다.

<표 4-13> 쇼핑몰 신뢰(선의)에 대한 사회적 실재감의 매개효과

종속변수 및 매개변수	매개변수 및 독립변수	매개변수 사회적실재감	종속변수 쇼핑몰 신뢰(선의)		
			직접효과	간접효과	총효과
독립 변수	맞춤화	0.240***	0.157	0.093***	0.25***
	반응성	0.359***	-0.012	0.139***	0.127***
	가상공동체지원	0.073	0.174**	0.028	0.202**
	사생활보호	0.205***	0.013	0.080***	0.093***
매개변수	사회적 실재감		0.388***		0.388***

※유의수준: * $p<0.1$, **$p<0.05$, *** $p<0.01$

결국, 사회적 실재감의 매개효과는 쇼핑몰 신뢰의 선의 차원에만 유의한 영향을 미치는 것으로 나타났으며 간접효과의 정도는 반응성, 맞춤화, 사생활보호 순으로 나타났다. 이러한 결과를 구체적으로 설명하면, 소비자가 지각하는 쇼핑몰의 반응성, 맞춤화, 사생활보호가 쇼핑몰에 대한 사회적 실재감을 형성하지 않는다면 쇼핑몰 신뢰의 선의 차원에 영향을 미치지 않음을 의미한다.

이러한 사실은 지금까지의 연구에서 밝혀진 바와 같이 맞춤화, 반응성, 사생활보호가 쇼핑몰 신뢰에 직접적인 영향을 미친다는 사실과 비교해 볼 때 쇼핑몰 신뢰에 영향을 미치는 경로에 대한 새로운 시각을 제공해주는 결과라 할 수 있다.

제5장
결　론

제1절 연구결과 요약

본 연구는 쇼핑몰 신뢰에 관한 연구로서 쇼핑몰 신뢰에 영향을 미치는 선행변수를 기업요인, 쇼핑몰운영요인, 외재적 요인으로 나누어 이러한 요인들이 쇼핑몰 신뢰에 직·간접적으로 영향을 미치는 경로를 살펴보았고 쇼핑몰 신뢰의 후행변수로 쇼핑몰 충성도를 설정하여 그 영향관계를 검증하였다. 특히 쇼핑몰 신뢰에 영향을 미치는 요인으로 사회적 실재감이라는 개념을 도입하여 인터넷이 제공하는 환경적 특징을 보다 잘 반영한 쇼핑몰 신뢰 모형을 제시하고자 하였으며 또한 쇼핑몰 신뢰를 3가지 차원으로 나누어 살펴봄으로써 쇼핑몰 신뢰 차원별로 영향요인을 밝히고 쇼핑몰 신뢰에 대한 보다 깊은 이해를 제공하고자 하였다.

분석결과를 간단히 요약하면 다음과 같다.

먼저, 쇼핑몰의 사회적 실재감에 유의한 영향을 미친 변수로는, 쇼핑몰의 맞춤화, 반응성, 사생활보호 등으로 나타났으며 그 영향력 정도는 반응성, 맞춤화, 사생활보호 순이었다.

그리고 쇼핑몰 신뢰에 직접적인 영향을 미친 변수는 쇼핑몰 크기, 사생활보호, 가상 공동체 지원, 온라인 구전으로 나타났다. 쇼핑몰 크기와 사생활보호는 쇼핑몰 신뢰의 3가지 차원(진실성, 역량, 선의) 중 역량에 유의한 영향을 미치는 것으로 나타났으며, 가상 공동체 지원은 선의 차원에 영향을 미치는 것으로 나타났고, 온라인 구전정보는 3가지 차원 모두에 중요한 영향을 미치는 것으로 나타났다. 따라서 쇼핑몰 신뢰에 가장 큰 직접적인 영향을 미치는 변수는 온라인 구전정보, 즉 쇼핑몰 게시판에 올라 있는 다른 사람들의 평가인 것으로 나타났다.

　이를 다시 쇼핑몰 신뢰의 차원별로 영향을 미치는 변수를 살펴보면 다음과 같다. 첫째, 쇼핑몰 신뢰 차원 중 진실성 차원에는 온라인 구전정보만이 유의한 영향을 미치는 것으로 나타났다. 이는 쇼핑몰이 제안한 약속을 반드시 지키고 고객을 속이지 않을 것이라는 믿음에 결정적인 영향을 미치는 요인이 쇼핑몰 게시판에 올라 있는 다른 이용자들의 긍정적인 평가라는 것을 의미한다. 이러한 사실은 쇼핑몰 게시판의 글들에 대한 신뢰성에 대해 의문이 제기되고 있기도 하지만 여전히 다른 고객들의 평가가 중요하게 작용하고 있다는 것을 나타내고 있는 것이다.

　둘째, 쇼핑몰 신뢰 차원 중 역량 차원에의 영향력 정도 역시 온라인 구전정보가 가장 큰 영향을 미치는 것으로 나타났으며 그다음으로 쇼핑몰 크기, 사생활 보호 순으로 나타났다. 고객 자신이 방문한 쇼핑몰이 원활한 거래 수행능력을 가지고 있으며 최상의 제품을 제공할 수 있을 것이라는 믿음 역시 온라인상의 다른 이용자들의 의견에 많이 의존하는 것으로 나타났다.

　셋째, 쇼핑몰 신뢰 차원 중 선의 차원에의 영향력 정도는 온라인 구전정보와 사회적 실재감이 상대적으로 강한 영향을 미치는 것으로 나타났으며 그다음으로 가상 공동체 지원이 유의한 영향을 미치는 것으로 나타났다. 즉 쇼핑몰이 자신의 이익뿐 아니라 고객의 이익을 중요하게 여기며 그것을 우선시할 것이라는 신념에는 쇼핑몰 게시판에 올라 있는 다른 사용자들의 의견과 쇼핑몰에서 느껴지는 인간적인 정감 또는 사이버 공간이긴 하지만 실제로 상대방이 존재하는 것 같은 환영(illusion)이 중요한 영향을 미친다는 사실을 나타내고 있다. 또한 쇼핑몰 게시판이 선의 차원에 영향을 미친다는 것은 쇼핑몰에서 다른 많은 사람들이 자유롭게 의견을 교환하는 것을 경험한 소비자는 해당 쇼핑몰이 고객의 이익을 진정으로 중요하게 생각한다는 사실을 확신할 가능성이 높다는 점을 시사한다. 따라서 쇼핑몰은 자사가 고객의 이익을 먼저 생각한다는 사실을 고객에게 인지시키기 위해서는 단순한 '고객만족, 고객 먼저'라는 슬로건만을 강조할 것이 아니라 쇼핑몰을 방문한 고객으로 하여금 자신의 눈에 보이지는 않지만 쇼핑몰 관리자가 항상 고객 한 사람 한 사람을 살피고 있으며 쇼핑몰을 방문한 많은 방문객들이 활발하고 정감 있는 의사소통을 나누고 있다는 점을 인식하도록 노력하여야 할 것이다.

쇼핑몰 신뢰의 각 차원에 대한 간접적인 영향(사회적 실재감의 매개효과)을 분석한 결과는 다음과 같다. 첫째, 쇼핑몰 신뢰 차원 중 진실성과 역량에 통계적으로 유의한 간접 영향을 미치는 변수는 없었다. 이는 사회적 실재감이 진실성과 역량에는 유의한 영향을 미치지 않는 것으로 나타났기 때문이다. 둘째, 쇼핑몰 신뢰 차원 중 선의에 대한 간접적인 영향을 미치는 변수로는 맞춤화, 반응성, 사생활 보호로 나타났으며 그 영향력의 크기는 반응성, 맞춤화, 사생활 보호 순으로 나타났다. 그리고 앞서 쇼핑몰 신뢰에 대한 직접적인 영향을 분석한 결과에서 제시하였듯이, 사생활보호는 쇼핑몰 신뢰의 차원 중 역량에는 직접적인 영향을 미치는 것으로 나타났고 진실성과 선의 차원에는 직접적인 영향을 미치지 않는 것으로 나타났으나 사회적 실재감을 통해 선의 차원에 간접적인 영향을 미치는 것으로 나타났다는 점이다. 이는 소비자가 쇼핑몰이 사생활보호를 제대로 하고 있다고 하더라도 이를 통한 사회적 실재감이 형성되지 않는다면 쇼핑몰의 선의에 대한 믿음이 형성되지 않을 수 있음을 의미한다.

끝으로 쇼핑몰 신뢰가 쇼핑몰 충성도에 미치는 영향을 분석한 결과,

신뢰의 진실성 차원과 선의 차원이 충성도에 유의한 영향을 미치는 것으로 나타났다. 반면 신뢰의 역량 차원은 충성도에 영향을 미치지 않는 것으로 나타났다. 이러한 결과 역시 앞서 설명한 쇼핑몰 명성과 신뢰와의 관계와 유사하다고 볼 수 있다. 즉 쇼핑몰 이용을 처음 하거나 자주 하지 않는 소비자에게는 인지적 측면이 강한 쇼핑몰의 역량이 중요한 평가기준이 될 수 있으나 관계기간이 점점 길어질수록 감정적 측면이 강한 진실성과 선의에 대한 신념이 고객 충성도를 결정하는 중요한 요인이 됨을 알 수 있다. 따라서 기존 고객의 쇼핑몰 충성도를 제고하고자 한다면 신뢰의 차원 중 진실성과 선의 차원에 영향을 미치는 요인을 발견하고 이를 강화할 수 있는 방안을 강구하여야 할 것이다. 본 연구의 결과, 진실성에는 온라인 구전정보가 중요한 영향요인으로 밝혀졌으며, 선의에는 사회적 실재감과 구전정보가 중요한 영향요인임이 밝혀졌다.

제2절 연구의 의의

본 연구의 의의는 크게 이론적인 측면과 실무적인 측면에서 찾아볼 수 있겠다.

이론적인 측면에서의 의의는 다음의 몇 가지로 요약할 수 있다. 먼저, 인터넷 환경이 가지는 독특한 특징인 비대면적 인적 상호작용으로 인해 그 중요성이 크게 대두되는 사회적 실재감을 쇼핑몰 신뢰의 선행변수로 포함시킴으로써 인터넷이라는 독특한 환경적 특징을 반영한 쇼핑몰 신뢰모형을 제시하고자 하였다. 또한 쇼핑몰 신뢰의 선행변수로 사회적 실재감을 추가한 것은 웹사이트가 실제적인 인적 상호작용을 제공하지는 못하나 사회적 실재감에 대한 지각 그 자체가 신뢰를 증가시킨다는 사실을 보여줌으로써 기존의 쇼핑몰 신뢰 연구를 확장하였다고 볼 수 있다. 게다가 사회적 실재감을 높여줄 수 있는 선행변수를 도출함으로써 사회적 실재감을 높일 수 있는 방안에 대한 정보도 제공하였다. 연구모형을 분석한 결과 기존의 쇼핑몰 신뢰에 직접적인 영향을 미치는 것으로 알려진 변수들의 대부분은 사회적 실재감을 통해 간접적인 영향을 미치고 있음을 확인하였다. 즉 쇼핑몰의 반응성, 사생활보호, 맞춤화 등은 사회적 실재감을 매개로 하여 쇼핑몰 신뢰(선의)에 영향을 미치고 있는 것으로 나타났다.

둘째, 쇼핑몰 신뢰를 단일 차원이 아닌 3가지 차원으로 나누어 살펴봄으로써 쇼핑몰 신뢰 선행변수의 영향을 차원별로 구분하여 이해할 수 있도록 하였다. 분석결과에서도 나타났듯이, 각각의 신뢰 선행변수들이 영향을 미치는 신뢰의 차원은 상이한 것으로 나타났다. 즉 쇼핑몰 크기나 사생활 보호는 신뢰의 차원 중 역량에 유의한 영향을 미치는 것으로 나타났으며 가상 공동체 지원이나 사회적 실재감은 선의 차원에 영향을 미치는 것으로 나타났다. 이처럼 신뢰의 차원을 분리하여 살펴봄으로써 신뢰의 의미와 선·후행변수와의 관계를 보다 명확하고 자세하게 알 수 있다. 따라서 이러한 연구결과를 토대로 우리는 좀 더 세분화되고 효과적인 쇼핑몰 신뢰제고 전략을 수립할 수 있을 것이다.

셋째, 쇼핑몰 신뢰 선행요인을 기업요인, 쇼핑몰 운영요인, 외재적 단서로 체계적으로 분류하여 살펴보았다. 신뢰에 관한 연구는 온·오프라인 상의 B to B 또는 B to C 거래 상황에서 많은 연구가 이루어졌고 그에 따라 신뢰의 선행변수로 다양한 변수들이 제시되었다. 예를 들어, 브랜드, 점포명성, 제품특징, 과거 구매경험, 제3의 공증기관, 전문가적으로 보이는 웹사이트 외양, 로딩시간, 구전, 광고의 빈도·위치·특성 등이 있다. 이처럼 연구들마다 제각기 제시되고 있는 신뢰의 선행요인을 체계적으로 분류하였고 이를 다시 쇼핑몰 신뢰에 직접적으로 영향을 미칠 것으로 여겨지는 요인과 직접·간접 모두 영향을 미칠 것으로 예상되는 요인으로 구분함으로써 보다 체계적이고 통합적인 신뢰모형을 제시한 점에 의의를 둘 수 있다. 특히 쇼핑몰 운영요인이 가지는 쇼핑몰 신뢰에의 직접적인 효과뿐 아니라 간접(매개)효과를 검증함으로써 이들 변수가 신뢰에 직접적인 영향만을 미친다는 기존 연구와 달리, 쇼핑몰 신뢰에 영향을 미치는 경로에 대한 새로운 시각을 제공하고자 하였다.

다음으로 본 연구가 가지는 실무적 시사점을 살펴보면 다음과 같다. 첫째, 쇼핑몰의 명성이 기존고객의 신뢰제고에는 영향을 못 미친다는 사실에 주목할 필요가 있다. 일반적으로 쇼핑몰 명성이나 크기는 제품보다는 서비스에 있어, 그리고 탐색재보다는 경험재 또는 신용재에 있어 그 영향력이 큰 것으로 알려져 있다. 이는 제품이나 서비스를 직접 경험해 보지 않으면 그 제품이나 서비스의 품질을 평가하지 못하는 경우에 명성이나 지각된 크기가 제품평가에 중요한 영향을 미친다는 것을 의미한다. 따라서 본 연구에서 쇼핑몰 신뢰에 명성이 영향을 미치지 못하는 것은 앞서 제시한 논리로 해석할 수 있다. 즉 응답자들은 자신이 가장 자주 찾는 쇼핑몰을 대상으로 설문에 응답하였기 때문에 이들은 이미 해당 쇼핑몰을 자주 그리고 직접적으로 경험한 바가 있다. 그러므로 쇼핑몰의 명성은 더 이상 이들이 지각하는 쇼핑몰 신뢰를 향상시키는 데 유의하지 않은 것으로 나타난 것으로 보인다. 신뢰는 다양한 관계의 지속적인 유지에 있어 핵심적인 개념임은 자명하다.

따라서 나름대로 높은 명성을 이미 쌓아놓은 쇼핑몰이라도 자신의 명성에 의해 고객이 쇼핑몰을 신뢰하고 지속적인 관계를 유지할 것이라고 기대해서는 안 될 것이다. 다양한 쇼핑몰들의 출현으로 인해 점점 더 치열해지고 있는 경쟁상황에서 쇼핑몰 운영자는 이미 쌓아놓은 명성이 쇼핑몰 신뢰의 충분조건이 아닌 필요조건임을 명심해야 할 것이다. 이는 또한 인터넷 쇼핑 경험 유무 내지 쇼핑몰과의 관계기간에 따른 차별적인 고객 대응전략이 필요함을 시사한다.

둘째, 쇼핑몰 운영요인 중 맞춤화, 반응성은 쇼핑몰 신뢰에 직접적인 영향을 미치지 않고 사회적 실재감을 매개로 하여 쇼핑몰 신뢰의 선의 차원에 유의한 영향을 미치는 것으로 나타났다. 그리고 사생활 보호는 쇼핑몰 신뢰의 차원 중 역량에는 직접적인 영향을 미치는 것으로 나타났으나 진실성, 선의 차원에는 유의한 영향을 미치지 않는 것으로 나타났고 사회적 실재감을 매개로 하여 선의 차원에 유의한 영향을 미치는 것으로 나타났다.

쇼핑몰의 맞춤화, 즉 쇼핑몰 고객의 개별적인 욕구에 귀를 기울이고 맞춤화된 정보, 서비스 그리고 제품을 제공하는 것이 쇼핑몰 신뢰에 직접적인 영향을 미치지 않고 사회적 실재감을 통해 쇼핑몰 신뢰에 영향을 미친다는 사실은 사회적 실재감을 높일 수 있는 맞춤화 노력이 필요하다는 점을 시사한다. 기존의 맞춤화 개념은 단순히 개별 고객의 욕구에 맞는 제품이나 서비스의 제공을 의미하는 것이었으나 비대면적인 상호작용이 이루어지는 인터넷 환경에서 사회적 실재감을 높이는 맞춤화는 이러한 수준에서 한 단계 더 진일보한 맞춤화 노력을 의미한다. 예를 들어, 고객이 로그인할 때 지난번 방문 때의 활동기록에 기초한 환영메시지를 들 수 있다. 이는 로그분석을 통해 충분히 가능한 전략으로 보인다. 만약 지난번에 디지털 카메라를 구입한 고객이 다시 로그인하였을 때 "다시 만나 반갑습니다. 지난번에 구매하신 디지털 카메라에 대해 만족하는지요?"라고 메시지를 전달할 수 있다. 이러한 메시지를 전달할 때 생동감 있는 아바타나 이모티콘을 같이 제시한다면 사회적 실재감을 높이는 데 더욱 큰 도움이 될 것이다. 또는 쇼핑하는 동안 고객이 원하는 음악을 제공하는 것 역시 오프라인 환경과 유사하게 느끼도록 도와줄 수 있으므로 사회적 실재감을 높이는 맞춤화 노력이 될 수 있을 것이다.

반응성은 사회적 실재감에 가장 큰 영향을 미치는 변수로 나타났는데 이는 비대면적 상호작용 과정에서 사회적 실재감을 높일 수 있는 중요한 방안이 즉각적이면서 성의 있는 피드백임을 나타낸다. 반응성은 쇼핑몰 신뢰에 직접적인 영향이 아닌 사회적 실재감을 매개로 간접적인 영향을 미치는 것으로 나타났다. 따라서 맞춤화와 마찬가지로 사회적 실재감을 향상시키는 피드백을 제공하는 것이 쇼핑몰의 주요 과제가 될 수 있다. Aragon(2003)은 온라인 학습 환경에서 사회적 실재감을 높일 수 있는 방안으로 이메일을 통한 즉각적인 응답, 빈번한 피드백, 유머의 사용 등을 제시하고 있다. 따라서 쇼핑몰 운영자 역시 이메일 또는 그보다 더욱 상호작용적인 도구인 메신저를 이용하여 고객들의 요구에 즉각적으로 응답함으로써 사회적 실재감을 높일 수 있을 것으로 보인다. 또한 너무 딱딱하고 형식적인 응답에서 벗어나 약간의 유머를 사용하여 응답함으로써 보다 친근한 감정을 전달할 수 있을 것이다.

이처럼 맞춤화, 반응성, 사생활보호와 같은 변수를 통해 형성된 사회적 실재감은 쇼핑몰 신뢰 차원 중 선의에 중요한 영향을 미치고 선의는 다시 고객 충성도에 영향을 미친다는 사실을 감안할 때 사회적 실재감을 높이는 변수를 파악하고 이러한 변수를 촉진하는 노력은 쇼핑몰 성패에 중요한 역할을 할 것으로 보인다.

셋째, 온라인 구전정보는 쇼핑몰 신뢰의 3가지 차원 모두에 강력한 영향을 미치는 것으로 나타났다. 반면 오프라인 구전정보는 쇼핑몰 신뢰에 영향을 미치지 않는 것으로 나타났다. 이는 김광수와 박주식(2004)의 연구에서 밝혀진 오프라인 구전정보를 온라인 구전정보보다 더욱 신뢰한다는 결과와 대치되는 것처럼 보인다. 이에 대한 해석은 세 가지 정도가 가능하다. 하나는 앞서 가설검증 결과분석에서 제시한 이유로서, 게시판에 올라 있는 다른 사람들의 평가가 오프라인 구전정보보다 오히려 가깝고 직접적으로 느껴지며 오프라인 구전보다 훨씬 풍부한 정보를 제공하기 때문인 것으로 볼 수 있다. 둘째는 응답 상황에 관한 것으로 소비자는 이미 자신이 자주 이용하는 쇼핑몰에 대해서 기본적인 믿음이 있으며 따라서 그 쇼핑몰 게시판에 올라 있는 타인의 평가를 믿고 수용하는 정도가 큰 것으로 볼 수 있다. 김광수와 박주식(2004)의 연구에서는 특정 쇼핑몰을 이용하고 있는 사람이 아니라 일반적인 사람들을 응답대상으로 하였기 때문에 오프라인 구전에 대한 신뢰가 더 큰 것으로 나타났다고 볼 수 있다. 즉 해당 쇼핑몰을 자주 이용하는 사람은 그렇지 못한 사람보다 쇼핑몰 게시판 정보를 더욱 신뢰한다고 볼 수 있다. 마지막으로 오프라인 구전정보가 쇼핑몰 신뢰에 영향을 미치지 않는 것으로 나타난 것은 응답자가 응답하고 있는 해당 쇼핑몰에 대한 오프라인 구전정보를 들어본 경험이 없었기 때문일 수도 있다. 아직도 인터넷 쇼핑 시장은 도입기 또는 성장기 초반에 있기 때문에 주위에 실제로 구매해 본 경험이 있는 사람을 찾기 힘들 뿐 아니라 더욱이 응답자가 응답하고 있는 해당 쇼핑몰에 대한 오프라인 구전정보를 들어본 경험이 있을 가능성이 그리 높지 않기 때문이다. 이러한 사실은 쇼핑몰 이용자가 이용할 수 있는 구정정보가 쇼핑몰 게시판과 같은 인터넷상에 존재하는 정보원천에 한정되어 있다는 점을 나타내며 따라서 쇼핑몰 관리자에게 있어 이러한 인터넷 구전정보를 추적·관리하는 것은 매우 중요한 과업이 된다는 점을 함의하고 있다. 실제로 제품이나 기업에 대한 평가와 의견을 제공하는 적극적인 회원을 가지는 가상 공동체는 중요한 정보원천이 되고 있으며 웹상에서 가장 뚜렷한 현상 중의 하나이다(Armstrong and Hagel 1996). 이에 따라 소비자들이 그들의 의견, 추천, 불만을 표현할 수 있는 통로를 제공하고 이러한 구전활동을 감시하는 것은 하나의 사업영역이 되고 있다.

어떤 기업은 현금, 포인트, 인정형태로 소비자들에게 그들이 공헌점에 대해 인센티브를 제공하고 있다(Tedeschi 1999). 왜냐하면 소비자들이 다른 소비자들의 관심을 끌고 방문하도록 하는 수단으로 이용될 수 있기 때문이다.

넷째, 쇼핑몰 신뢰의 차원 중 역량보다는 진실성과 선의가 쇼핑몰 충성도에 유의한 영향을 미치는 것으로 나타났다. 이는 쇼핑몰 관리자가 기존 고객의 점포충성도를 높이기 위해서는 쇼핑몰 신뢰의 차원 중 진실성과 선의를 강화시킬 수 있는 변수를 밝히고 이를 전략적으로 관리해야 함을 의미한다. 본 연구에서 밝혀진 결과에 따르면, 진실성 차원에는 온라인 구전정보가 단독으로 영향을 미치며, 선의 차원에는 사회적 실재감과 온라인 구전정보가 영향을 미치는 것으로 나타났으므로 앞서 제시한 실무적 시사점을 기반으로 하여 기존 고객의 쇼핑몰 충성도 제고 방안을 마련하여야 할 것이다.

제3절 연구의 한계점 및 향후 연구 방향

본 연구의 한계점 및 향후 연구과제는 다음과 같다. 첫째, 본 연구의 응답자의 대부분이 20대 대학생으로 표본의 대표성에 한계를 가지고 있는 것으로 보인다. 하지만 이들은 현재 가장 활발한 인터넷 구매를 하고 있는 계층이며 더욱이 향후 인터넷 쇼핑 시장의 주 고객이 될 것이라는 점에서 이들을 대상으로 한 연구는 중요한 의미를 가진다고 볼 수 있을 것이다.

둘째, 쇼핑몰에 대한 사회적 실재감에 대한 응답을 제대로 할 수 있는 응답자를 가려내기 위해 인터넷 구매를 최소한 3회 이상 해본 경험이 있는 소비자를 대상으로 하였기 때문에 인터넷 쇼핑을 전혀 해보지 않았거나 자주 하지 않는 소비자들에 대한 연구는 이루어지지 못했다. 향후 연구에서는 응답자를 보다 세분화하여 응답자별로 사회적 실재감과 쇼핑몰 신뢰정도 및 그에 대한 영향요인의 차이점을 구명할 필요가 있을 것이다. 즉 인터넷 구매 횟수, 방문빈도, 관계기간 등이 응답자를 구분하는 중요한 기준이 될 수 있을 것이다. 또한 각 사람마다 다른 신뢰성향이 이러한 영향관계에 조절역할을 하는지에 대한 연구도 흥미 있는 연구가 될 것이다.

셋째, 쇼핑몰 신뢰에 온라인 구전정보가 전반적으로 중요한 영향을 미치는 것으로 나타났는데 이에 대한 연구가 좀 더 깊이 있게 진행되어야 할 것이다. 예를 들어, 온라인 구전정보가 영향을 많이 미치는 집단을 규명한다든지 온라인 구전정보의 이용 동기 또는 제공동기, 다른 고객의 구매 의도나 신뢰에 영향을 많이 미칠 수 있는 온라인 구전정보의 제시방법 또는 특징 등에 대한 연구는 쇼핑몰 관리자에게

다차원적 e-trust 형성과정 모형

중요한 마케팅적인 시사점을 제공할 수 있으리라고 본다. 실제로 여러 연구보고서에 의하면, 기업이 고객의 소리에 귀 기울이고 있다는 사실은 확인되고 있으나, 웹사이트에 올려진 불만이나 평가들이 그것을 읽는 소비자들의 구매의사결정을 변화시키는 데 도움이 되는지는 거의 알려지지 않고 있다(Chatterjee 2001). 끝으로 본 연구에서는 소비자가 지각하는 사회적 실재감에 대한 대상을 쇼핑몰에 한정하였으나 이보다 더욱 근본적인 문제는 커뮤니케이션 매체 차원에서 연구가 이루어져야 할 것으로 보인다. 즉 인터넷 쇼핑몰에서 구매한다는 의미는 사이버상에 존재하는 전자적 소매상과 거래한다는 점에서 새로울 뿐아니라 더욱 근본적으로 교환 상대방과 관계를 맺는 매체의 성격 자체가 근본적으로 다르다는 것이다. 따라서 향후 연구에서는 인적매체, 유선 인터넷 매체, 무선 인터넷 매체(모바일)에 대한 사회적 실재감에 대한 연구가 이어져야 할 것이다.

참고문헌

▌국내문헌

권순홍, 김태웅, 이용기(2003), "인터넷 쇼핑몰의 지각된 가치가 고객만족
　　　과 신뢰, 충성도에 미치는 영향에 관한 연구", 경영과학, 20(1),
　　　1149-1163.

김광수, 박주식(2004), "인터넷 구전에 관한 탐색적 연구", 고객만족경영
　　　연구, 6(1), 49-72.

김교헌(1992), "친구관계에서의 자기노출의 기능", 한국심리학회, 11(1).

김재휘, 김연정(2004), "사이버 공간에서 사회적 실재감의 지각과 공격행
　　　동", 한국심리학회지, 10(3), 83-101.

김창호, 황의록(1997), "구전정보의 특성과 구전 효과의 관계", 광고연구,
　　　제 35호, 55-77.

나은영(2001), "이동전화 채택에 영향을 미치는 휴대전화 커뮤니케이션의
　　　매체적 속성에 관한 연구", 한국언론학보, 45(4), 189-228.

박기순(1997), "컴퓨터 통신과 인간커뮤니케이션: 가상공간에서의 인간커
　　　뮤니케이션", 한국커뮤니케이션학, 5, 380-418.

박종원(2002), 온라인시대의 소비자행동, 서울, 법문사

성영신, 박은아, 박진영(2002), "온라인 구전정보가 영화관람 의도에 미치
　　　는 영향: '기대'를 중심으로", 광고연구, 제57호, 31-52.

성영신, 유형열, 장인숙(2001), "Word of Mouse: On- line상의 소비 구전
　　　정보 연구", 한국광고학회 추계 연차학술대회, 3-12.

신선미(2001), "영화관람의 기대 형성 및 평가, 구전에 관한 연구", 아주

대학교 대학원 경영학과 석사논문.

신완수, 변창진(1980), "자기표출 훈련 프로그램", 경북대학교 학생생활 연구소 학생지도연구, 13, 17-50.

양 윤, 조문주(2000), "구전 커뮤니케이션이 소비자의 태도변화에 미치는 영향", 광고학연구, 11(3).

유형열(2001), "On-line 구전 효과 연구: 정보의 방향성과 객관성을 중심 으로", 고려대학교 심리학과 석사논문.

윤성준(2000), "웹 쇼핑몰 사이트 신뢰도의 결정요인과 구매의향에 미치 는 영향에 관한 시뮬레이션 접근", 경영학 연구, 29(3), 353-376.

이광자(2001), "의사소통과 간호", 서울. 신광 출판사.

이규은, 하나선, 길영숙(2000), "간호대학생의 자기표출과 임상수행능력 간 의 관계", 대한 간호학회지, 30(3), 571-583.

이미련(1998), "자기표출과 소외와의 관계 ―간호전문대 학생을 중심으로 ―"정신간호학회, 7(2), 136-150.

이미련(1999), "자기노출, 자아존중감, 가족환경 지각간의 관계 -간호전문 대학을 중심으로-", 경북간호학과, 3(2), 37-52.

이봉희(1991), "중요한 타인에 대한 아동의 자기노출", 한양대학교 석사 학위논문.

이태민(2004), "모바일 환경에서의 상호작용성 구성요인이 고객관계 구축 및 구매의도에 미치는 영향에 관한 연구", 마케팅연구, 19(1), 61-96.

이호근, 이승창, 강훈철(2003), "인터넷 경매의 신뢰형성요인과 경매참여 의도에 관한 연구", 경영학 연구, 32(1), 149-180

채지영(2002), "문화상품으로서의 대중음악 소비 체험", 이화여자대학교 대학원 심리학과 박사논문.

최낙환, 박소진(2001), "구전정보 의존성요인에 관한 영향", 대한경영학회 춘계발표.

황의록, 김창호(1995), "구전커뮤니케이션에 관한 문헌 연구", 광고연구, 제26호.

▌외국문헌

Achrol, Ravi S.(1991), "Evolution of the Marketing Organization: New Forms for Turbulent Environments", *Journal of Marketing*, 55(4), 77-93.

Ambrose, P.J and G.J. Johnson(1998), "A Trust Model of Buying Behavior in Electronic Retailing", In: Proceeding of the Americas Conference on Information Systems(AMCIS), Baltimore, MD.

Anderson, James C. and David W. Gerbing(1988), "Structural Equation Modeling in Practice: A Review and Recommended Two-Step Approach", *Psychological Bulletin*, 103(3), 411-423.

Anderson, E. and B. Weitz,(1989), "Determinants of Continuity Conventional Industrial Channel Dyads", *Marketing Science*, 8, 310-323.

Anderson, E and B. Weitz(1992), "The Role of Pledges to Build and Sustain Commitment in Distribution Channels", *Journal of Marketing Research*, 29(1), 18-34

Anderson, E.W.(1998), "Customer Satisfaction and Word of Mouth", *Journal of service research*, 1(August), 5-17.

Anderson, J.C. and J.A. Narus(1990), "A Model of Distributor Firm and Manufacturer Firm Working Partnerships", *Journal of Marketing*, 54(January), 42-58.

Aragon, Steven R.(2003), "Creating Social Presence in Online Environments", *New Directions For Adult and Continuing Education*, 100(winter), 57-68.

Archer, R.L.(1987), "Commentary: Self-Disclosure, A Very Useful Behavior", In V.J. Berg(Ed.), Self-Disclosure(pp.329-342). New York: Plenum Press.

Archer, R.L. and W.B. Earle(1983), "The Interpersonal Orientations of Disclosure", In P.B. Paulus(Ed.), Basic group process(pp.289-314).

New York: Springer-Verlag.

Argyle, M. and J. Dean,(1965), "Eye Contact, Distance and Affiliation", *Sociometry*, 28(3), 289-304.

Arndt, J.(1967), "Word of Mouth Advertising and Informal Communication", in Cox, D.(Ed.), Risk Taking and Information Handling in Consumer Behavior, Boston, MA, 188-239.

Aubert, B.A and B.L. Kelsey(2002), "The Illusion of Trust and Performance", CIRANO, at:
http://www.cirano.qc.ca/pdf/publicatn/2000s-03.pdf.

Axelrod, R.(1984), "The Evolution of Cooperation", Basic Books.

Ba, S.(2001), "Establishing Online Trust through a Community Responsibility System", *Decision Support Systems*, 31(3), 323-336.

Baier, A.(1986), "Trust and Antitrust", *Ethics*, 96, 231-260.

Bagozzi, Richard and Youjae Yi(1988), "On the Evaluation of Structural Equation Models", *Journal of the Academy of Marketing Science*, 16(1), 74-94.

Baker, J., A. Parasuraman, D. Grewal and G.B. Voss(2002), "The Influence of Multiple Store Environment Cues on Perceived Merchandise Value and Patronage Intentions", *Journal of Marketing*, 66(2), 120-141.

Balasubramanian, Sridhar and Vijay Mahajan(2001), "The Economic Leverage of the Virtual Community", *International Journal of Electronic Commerce*, 5(Spring), 103-110.

Barber, B.(1983), "The Logic and Limits of Trust", Tutgers University Press, New Brunswick, NJ.

Beal, G.M. and E.M. Rogers(1957), "Informational Success in the Adoption Process of New Fabrics", *Journal of Home Economics*, 10(6), 630-634.

Behrman, D.N. and W.D.Jr. Perreault(1982), "Measuring the Performance of Industrial Salespersons", *Journal of Business Research*, 10(3), 355-370.

Berndt, T.J.(1982), "The Features and Effects of Friendship in Early Adolescence", *Child Development*, 53, 1447-1460.

Bharadwaj, S.G., P.R. Varadarajan and J. Fahy(1993), "Sustainable Competitive Advantage in Service Industries: A Conceptual Model and Research Propositions", *Journal of Marketing*, 47(October), 83-99.

Biocca, F.(1997), "Cyborg's Dilemma: Embodiment in Virtual Environments", *Journal of Computer-Mediated Communications*, 3(2)(Retrieved November 11, 1998, from http://www.ascusc.org/jcmc/vol3/issue2/biocca2.html).

Bittner, M.J.(1992), "Servicescapes: The Impact of Physical Surroundings on Customers and Employees", *Journal of Marketing*, 56(April), 57-71.

Blau, P.M.(1964), Exchange and Power in Social Life, New York: Wiley.

Blodgett, J.C., D.H. Granbois and R.G. Walters(1993), "The Effects of Perceived Justice on Complainants' Negative Word-of-Mouth Behavior and Repatronage Intentions", *Journal of Retailing*, 69(Winter), 399-428.

Blois, K.J.(1999), "Trust in Business to Business Relationships: An Evaluation of Its Status", *Journal of Management Studies*, 36(2), 197-215.

Bok, Sissela(1978), Lying: Moral Choice in Public and Life, Vintage Books, New York.

Bone, P.F.(1995), "Word-of-Mouth Effects on Short-Term and Long-Term Product Judgements", *Journal of Business Research*, 32(March), 213-223.

Brehm, S.S, S.M. Kassin and S. Fein(1998), "Social Psychology", Houghton Mifflin, Boston, MA.

Brenkert, G.G.(1998), "Trust, Morality and International Business", *Business Ethics Quaterlry*, 8(2), 293-317.

Brister, J. M.(1990), "Enhanced Explanation of Word of Mouth Communication: The Power of Relationships", *Research in Consumer Behavior*, 4, JAI Press Inc, 51-83.

Bromiley, Philip and Larry Cummings(1995), "Transaction Costs in Organizations with Trust", *Research on Negotiations in Organizations*, 5, 219-247.

Burke, K. and L. Chdambaram(1991), "How Much Bandwidth Is Enough? A longitudinal examination of media characteristics and group outcomes", *MIS Quarterly*, 23(4), 557-580.

Burnkrant, R.E. and A. Cousineau(1975), "Informational and Normative Social Influence in Buyer Behavior", *Journal of Consumer Research*, 2(December), 206-215.

Butler, John(1983), "Reciprocity cf Trust Between Professionals and Their Secretaries", *Psychological Reports*, 53, 411-416.

Butler, John and R. Stephen Cantrell(1984), "A Behavior Decision Theory Approach to Modelling Dyadic Trust in Superiors and Subordinates", *Psychological Reports*, 55(August), 19-28.

Butler, J.K.J.(1991), "Toward understanding and measuring conditions of trust: evolution of a conditions of trust inventory", *Journal of Management*, 17(3), 643-663.

Buttle F.(1996), Relationship Marketing Theory and Practive, Paul Chapman, London.

Carver, C.S. and M.F. Scheier(1978), "Self-Focusing Effects of Dispositional Self-Consciousness, Mirror Presence, and Audience Presence", *Journal of Personality and Social Psychology*, 36,

324-332.

Carver, C.S and M.F. Scheier(1992), "Perspective on Personality", Allyn and Bacon, Boston, MA.

Champness, B.G.(1972), "Attitudes towards Personal Communications Media", University College, London. Unpublished Communications Studies Group Paper No. E/72011/CH Champy, James, Robert Buday and Nitin Nohria(1996), "The Rise of Electronic Communities", *Information Week*
(http://techweb.cmp.com/583/csc.htm)

Chatterjee, P.(2001), "On-Line Review: Do Consumer Use Them?", *Advances in Consumer Research*, 28, 129- 133.

Chaudhuri, Arjun and Morris B. Holbrook(2001), "The Chain of Effects from Brand Trust and Brand Affect to Brand Performance: The Role of Brand Loyalty", *Journal of Marketing*, 65(2), 81-93.

Cheskin Research(1999), "*eCommerce Trust Study*", A Joint Research Project by Cheskin and tudio Archetype/Sapient(January) (http://www.studioarchetype.com/cheskin/)

Cheung, C and M.K.O. Lee(2000), "Trust in Internet shopping: a Proposed Model and Measurement Instrument", In: Proceeding of the Americas Conference on Information Systems(AMCIS), Long Beach, CA.

Chidambaram, L. and B. Johns(1993), "Impact on Communication Medium and Computer Support on Group Perceptions and Performance: A Comparison of Face-to-Face and Dispersed Meetings", *MIS Quarterly*, 17(4), 493-516.

Chiles, T.H. and J.F. McMackin(1996), "Integrating Variable Risk Preferences, Trust and Transaction Cost Economics", *Academy of Management Review*, 21(1), 73-99.

Chow, S. and R. Holden(1997), "Toward an Understanding of Loyalty:

The Moderating Role of Trust", *Journal of Managerial Issues*, 9(3), 275-298.

Christophel, D.M.(1990), "The Relationships among Teacher Immediacy Behaviors, Student Motivation and Learning", *Communication Education*, 39(4), 323-430.

Churchill, Gilbert. A. Jr.(1979), "A Paradigm for Developing Better Measures of Marketing Constructs", *Journal of Marketing* Research, 16(Feb), 64-73.

Cole, S.J.(1998), "Testimony Before the Subcommittee on Tele-communications", Trade and Consumer Protection Committee on Commerce, US House of Representatives, Washington, DC. Better Business Bureau.

Conhaim, Wallys H.(1998), "E-commerce Business Enterprises on the Internet", *Link-Up*, 2(March), 8-10.

Coovert, M. D. and G. D. Reeder(1990), "Negative Effects in Impression Formation: The Role of Unit Formation and Schematic Expectations", *Journal of Experimental and Social Psychology*, 26, 49-52.

Corbitt, B.J., Theerasak Thanasankit and Han Yi(2003), "Trust and E-commerce: A Study of Consumer Perceptions", *Electronic Commerce Research and Applications*, 2, 203-215.

Corritore, C.L., Beverly Kracher and Susan Wiedenbeck(2003), "On-line Trust: Concepts, Evolving Themes, A Model", *International Journal of Human-Computer Studies*, 58, 737-758.

Corritore, C.L., B.Kracher and S.Wiedenbeck(2001), "Trust in the Online Environment", In: M.J Smith, G. Salvendy, D. Harris, R.J. Koubek(Eds), Usability Evaulation and Interface Design: Cognitive Engeering, Intellingent Agents and Virtual Reality, Mahway, NJ, 1548-1552.

Costa, P.T and R. MaCrae(1992, 2000), "Revised NEO Personality Inventory(NEO PI-R)and NEO Five-factor Inventory(NEO__ FFI)∶ Professional Manual, Psychological Assessment Resources", at∶ http://www.sigmaassessmentsystems.com/neopir.htm.

Cowles, D.L.(1996), "The Role of Trust in Customer Relationships∶ Asking the Right Questions", *Management Decision*, 35(4), 273-282.

Cox, D.(1967), "The Audience as Communicators", in Cox, D.(Ed.), *Risk Taking and Information Handling in Consumer Behavior*, Boston, MA, 172-187.

Cozby, P.C.(1973), "Seif-Disclosure∶ A Literature Review", *Psychological Bulletin*, 79, 79-91.

Creed, W.E.D. and R.E. Miles(1996), "Trust in Organizations∶ A Conceptual Framework Linking Organizational Forms, Managerial Philosophies, and the Opportunity Costs of Controls", In∶ Kramer, R.M., Tyler, T.R.(Eds.), Trust in Organizations∶ Frontiers of Theory and Research, Sage Publications, London, 16-38.

Cunningham, S.(1967), "Perceived Risk as a Factor in Informal Consumer Communications", in Cox, D.(Ed.), *Risk Taking and Information Handling in Consumer Behavior*, Boston, MA, 265-288.

Daft, R.L. and R. Lengel(1984), Information Richness∶ A New Approach to Managerial Behavior and Organizational Design, Greenwich, CT, JAI Press.

Das, T.K and B. Teng(1998), "Between Trust and Control Developing Confidence in Partner Cooperation in Alliances", *Academy of Management Review*, 23(3), 491-512.

Davis, D.(1982), "Determinants of Responsiveness in Dyadic Interaction", In W. Ickes and E.S. Knowles(Eds). Personality, Roles and

Social Behavior. New York: Springer-Verlag.

Davis, R., M. Buchanan-Oliver and R. Brodie(1999), "Relationship Marketing in Electronic Commerce Environments", *Journal of Information technology*, 14, 319-331.

Dayal, S., H. Landesberg and M. Zeisser(1999), "How to Build Trust Online", *Marketing Management*, Fall, 64-69.

Deutsch, M.(1958), "Trust and Suspicion", *Conflict Resolution*, 2(4), 265-279.

Deutsch, M.(1960), "The Effect of Motivational Orientation upon Trust and Suspicion", *Human Relations*, 13, 123-139.

Deutsch, M.(1962), "Cooperation and Trust: Some Theoretical Notes", *Nebraska Symposium on Motivation*, 10, 275-318.

Diaz, R.M. and T.J. Berndt(1982), "Childrens Knowledge of a Best Friend: Fact or Fancy?", *Development Psychology*, 18, 787-794.

Dibb, S., L. Simkin and W.M. Pride(1994), "Marketing Concepts and Strategies", Houghton Mifflin Company, Boston, MA.

Dieberger, A., A. Dourish, K. Hook, P. Resnick and A. Wexelblat(2000), "Social Navigation: Nechniques for Building More Usable Systems", *Interactions*, 7(6), 36-45.

Dies, R.R.(1973), "Group Therapist Seif-disclosure: An Evaluation by Clients", *Journal of Councelling Psychology*, 20, 344-348.

DiSabatino, J.(2000), "Boo.com Failure Raises Questions About Online Boutiques", Computerworld Online
http://www.computerworld.com

Divett, Megan, Nadia Crittenden and Ron Henderson(2003), "Actively Influencing Consumer Lalty", *Journal of Consumer Marketing*, 20(2), 109-126.

Doney, P.M. and J.P. Canon.(1997), "An Examination of the Nature of Trust in Buyer-Seller Relationships", *Journal of Marketing*, 62,

35-51.

Donlon, J.P.(1999), "The Customer-Centered Enterprise: Influence of Electronic Commerce on Business Enterprise", *Chief Executive*, 141(January), 54-61.

Driscoll, J.W.(1978), "Trust and Participation in Organizational Decision Making as Predictors of Satisfaction", *Academy of Management Journal* 21(1), 44-56.

Dunn, P.(2000), "The Importance of Consistency in Establishing Cognitive-Based Trust: A Laboratory Experiment", *Teaching Business Ethics*, 96, 231-260.

Dwyer,R.F., P.H. Schurr and S. Oh(1987), "Developing Buyer-Seller Relationships", *Journal of Marketing*, 51(April), 11-27.

Elangovan, A.R., D. Shapiro(1998), "Betrayal of Trust in Organizations", *Academy of Management Review*, 23(3), 547-566.

Endeshaw, A.(2001), "The Legal Significance of Trustmarks", *Information and Communications Technology Law*, 10(2).

Ennew, C.T., A.K Banerjee and Li, Derek(2000), "Managing Word of Mouth Communication: Empirical Evidence from India", *International Journal of Bank Marketing*, 18(2), 75-83.

Ferraro, A.(1998), "Electronic Commerce: The Issue and Challenges to Creating Trust and a Positive Image in Consumer Sales on the World Wide Web", *First Monday*, 3(6).

File, K.M., D.S.P. Cermak and R.A. Prince(1994), "Word-of-Mouth Effects in Professional Srvices Buyer Behavior", The Service *Industries Journal*, 14(July), 301-314.

Fogg, B.J. and H. Tseng(1999), "The Elements of Computer Credibility, In: Proceedings of the CHI '99", ACM Press, New York, 80-87.

Fogg, B.J., J. Marshall, O. Laraki, A. Osipovich, C.Varma, N.Fang, J. Paul, A. Rangnekar, J.Shon, P.Swani and M. Treinen(2001),

"What makes Web Site Credible?", A Report on a Large Quantitative Study. *ACM SIGCHI* 3(1), 61-67.

Ford, M.D.(1998), "Identity Authentication and 'E-commerce'", *The Journal of Information, Law and Technology*, 3(3).

Fornell, Claes and David F. Larcker(1981), "Evaluating Structural Equation Models with Unobservable Variables and Measurement Error", *Journal of Marketing Research*, 39-50.

Frank, Malcolm(1997), "The Realities of Web-Based Electronic Commerce", *Strategy and Leadership*, 3(May), 30-32.

Frazier, G.L. and R.C. Rody(1991), "The Use of Influence Strategies in Interfirm Relationships in Industrial Product Channels", *Journal of Marketing*, 55(January), 52-69.

Friedman, B., P.H. Kahn and D.C. Howe(2000), "Trust Online", *Communication of the ACM*, 43(12), 34-40.

Fukuyama, F.(1995), Trust: The Social Virtues and the Creation of Prosperity, New York, NY: The Free Press.

Gabarro, John(1978), The Development of Trust, Influence and Expectations, in Anthony Athos and John Gabarro(eds.), Interpersonal Behavior: Communications and Understanding in Relationships, Prentice-Hall Inc.

Gabott, M. and G. Hogg(1994), "Consumer Behavior and Services: A Review", *Journal of Marketing Management*, 10, 320-324.

Gambatta, Diego(1988), "Can We Trust Trust?", in Diego Gambatta(ed.), Trust-Making and Breaking: Cooperative Relations, Basil Blackwood.

Ganesan, S.(1994), "Determinants of Long-Term Orientation in Buyer-Seller Relationships", *Journal of Marketing*, 58, 1-19.

Ganesan, S. and R. Hess(1997), "Dimensions and Levels of Trust: Implications for Commitment to a Relationships", *Marketing*

Letters, 8(4), 439-448.

Garramone, G.M., A.C. Harris and R.Anderson(1986), "Uses of Political Computer Bulletin Board", *Journal of Broadcasting and Electronic Media*, 30(3), 325-339.

Gefen, D.(2000), "E-commerce: The Role of Familiarity and Trust", *The International Journal of Management Science*, 28(6), 725-737.

Gefen, D.(2002), "Customer Loyalty in E-commerce", Journal of the *Association for Information Systems*, 3, 27-51.

Gefen, D.(2004), "What Makes ERP Implementation Relationships Worthwhile: Linking Trust Mechanisms and ERP Usefulness", *Journal of Management Information Systems*, 21(1).

Gefen, D. and W. Detmar Straub(1997), "Gender Differences in Perception and Adoption of E-mail: And Extension to the Technology Acceptance Model", *MIS Quarterly*, 21(4), 389-400.

Gefen, D., E. Karahanna and D.W. Straub(2003), "Potential and Repeat E-commerce: The Role of and Trust Vis-a-vis TAM", *IEEE Transactions on Engineering Management*, 50(3), 307-321.

Gefen, D., E. Karahanna and D.W. Straub(2003), "Trust and TAM in Online Shopping: An Integrated Model", *MIS Quarterly*, 27(1), 51-90.

Gefen, D. and W.Detmar Straub(2004), "Consumer Trust in B2C E-commerce and the Importance of Social Presence: Experiments in E-Products and E-Services", *The International Journal of Management Science*, 32(6), 407-424.

Gerbing, David W. and James C. Anderson(1998), "An Updated Paradigm for Scale Development Incorporating Unidimensionality and Its Assessment", *Journal of Marketing Research*, 25(May), 186-192.

Geyskens, I., J. Steekamp, B.E.M. and N. Kumer(1998), "Generalizations about Trust in Marketing Channel Relationship Using Meta-Analysis", *International Journal of Research in Marketing,* 15, 223-248.

Giddens, A.(1990), The Consequences of Modernity, Polity Press, Cambridge, UK.

Giffin, Kim(1967), "The Contribution of Studies of Source Credibility to a Theory of Interpersonal Trust in the Communication Process", *Psychological Bulletin,* 68(2), 104-112.

Gleitman, H.(1995), "Psychology", WW. Norton & Company, Inc., New York, NY.

Gommans, Marcel, Krish S. Krishnan and Katrin B. Scheffold(2001), "From Brand Loyalty to E-Loyalty: A Conceptual Framework", *Journal of Economic and Social Research,* 3(1), 43-58.

Good, D.(1988), "Individual, Interpersonal Relations, and Trust", In: D. Gambetta(Ed.), Trust: Making and Breaking Cooperative Relations. Basil Balckwell, New York, 32-47.

Goodhue, D.L.(1998), "Development and Measure Validity of a Task-Technology Fit Instrument for User Evaluation of Information Systems", *Decision Science,* 29(1), 105-138.

Gorham, J.(1988), "The Relationship Between Verbal Teacher Immediacy Behaviors, Student Learning", *Communication Education,* 37(1), 40-53.

Gremler, David D.(1995), "The Effect of Satisfaction, Switching Costs, and Interpersonal Bonds on Service Loyalty", Unpublished Doctoral Dissertation, Arizona State University.

Gruen, Thomas W., John O. Summers and Frank Actio(2000), "Relationship Marketing Activities, Commitment, and Membership Behaviors in Professional Associations", *Journal of Marketing,* 64, 34-49.

다차원적 e-trust 형성과정 모형

Gulati, Ranjay(1995), "Does Familiarity Breed Trust? The Implications of Repeated Ties for Contractual Choice in Alliances", *Academy of Management Journal*, February, 85-112.

Gunawardena, C.N.(1995), "Social Presence Theory and Implications for Interaction and Collaborative Learning in Computer Conference", *International Journal of Educational Telecommunication*, 1(2/3), 147-166.

Gunawardena, C.N. and F.J. Zittle(1997), "Social Presence as a Predictor of Satisfaction Within a Computer-Mediated Conferencing Environment", *American Journal of Distance Education*, 11(3), 8-26.

Hagel, John and Arthur G. Armstrong(1997), "Net Gain: Expanding Markets Through Virtual Communities", *Mckinsey Quarterly* (Winter), 140-146.

Hair, J. F., R. E. Anderson, R. L. Tatham and W. C. Black(1995), Multi Variate Data Analysis with Reading, Prentice Hall.

Hankowski, R.J., B.H. Kantowitz and S.C. Kantowitz(1994), "Driver Acceptance of Unreliable Route Guidance Information", Proceedings of the Human Factors and Ergonomics Society 38th Meeting, HFES, Santa Monica, CA, 1062-1066.

Handy, C.(1995), "Trust and Virtual Organization", *Harvard Business Review*, 73(3), 40-50.

Hart, P. and C. Saunders(1997), "Power and Trust: Critical Factors in the Adoption and Use of Electronic Data Interchange", *Organizational Science*, 8(1), 23-42.

Hawes, J.M., K.W.Mast and J.E. Swan(1989), "Trust Earning Perceptions of Sellers and Buyers", *Journal of Personal Selling and Sales Management*, 9, 1-8.

Haywood, M.(1989), "Managing Word of Mouth Communications", *The*

Journal of Service Marketing, 3(2), 55-67.

Heijcen, H.V.D., T. Verhagen and M. Creemers(2000), "Predicting Online Purchase Behavior: Replication and Tests of Competing Models", Research Momoranda 16, Free University Amsterdam.

Herr, P.M., F.R. Kardes and J. Kim,(1991), "Effects of Word-of-Mouth and Product-Attribute Information on Persuasion: An Accessibility-Diagnosticity Perspective", *Journal of Consumer Research,* 17(March), 454-462.

Hoffman, D.L., T.P. Novak and M. Peralta(1999), "Building Consumer Trust Online", *Communications of the ACM,* 42(4), 80-85.

Hofstede, G.(1984), Culture's Consequences: International Differences in Work-Related Values, Beverly Hills, CA: Sage.

Holbrook, M. B.(1978), "Beyond Attitude Structure", *Journal of Marketing,* 15, 546-556.

Hosmer, LaRue(1995), "Trust: The Connecting Link Between Organizational Theory and Philosophical Ethic", *Academy of Management Review,* 20(April), 379-403.

Hrebiniak, L.G.(1974), "Effects of Job Level and Participation on Employee Attitudes nd Perceptions of Influence", *Academy of Management Journal,* 17, 649-662.

Husted, B(1998), "The Ethical Limits of Trust in Business Relations. Business Ethics", *Quarterly,* 8(2), 223-248.

Hwang, P. and W. Burger(1997), "Properties of Trust: an Analytical View", *Organizational Behavior and Human Decision Processes,* 69(1), 67-73.

Jarvenpaa, S.L. and D.E. Leidner(1999), "Communication and Trust in Global Virtual Teams", *Organization Science,* 10(6), 791-815.

Jarvenpaa, S.L., J.Tractinsky and L. Saarinen(1999), "Consumer Trust in an Internet store: A Cross-cultural Validation", *Journal of*

Computer Mediated Communication, 5(2),
http://www.asusc.org/jcmc/vol15/issue2.

Jarvenpaa, S.L., J. Tractinsky, and M. Vitale(2000), "Consumer Trust in an Internet Store", *Information Technology and Management*, 1(1/2), 45-71.

Jarvenpaa, S.L., K. Knoll and D.F. Leidner(1998), "Is Anybody Out There? Antecedent of Trust in Global Virtual Teams", *Journal of Management Information Systems*, 14(4), 29-64.

Jarvenpaa, S.L. and N. Tractinsky(1999), "Consumer Trust in an Internet Store: A Cross-Cultural Validation", *Journal of Computer Mediated Communication*, 5(2), 45-71.

Jensen, J.B. and Markland, R.E.(1996), "Improving the Application of Quality Conformance Tools in Service Firms", *Journal of Services Marketing*, 10(1), 35-55.

Johnson, D.W. & Noonan, M P.(1972),"Effects of Acceptance and Recprocation of Elf of Disclosure on the Development of Trust", *Journal of Counseling Psychology*, 24, 358-365.

Jones, Gareth and Jennifer George(1998), "The Experience and Evolution of trust: Implications for Cooperation and Teamwork", *Academy of Management Review*, 23(July), 531-546.

Jourard, S M, & Lasakow, P(1958), "Some Factors in Self-Disclosure", *Journal of Abnormal and Social Casework*, 48, 342-351.

Jourard, S.M.(1964), "The Transparent Self", New York: Van Nostrand.

Jourard, S.M.(1968), "Disclosing man to Himself, New York: Van Nostrand.

Jourard, S.M.(1971), "Self-Disclosure: An Experimental Analysis of Transperant Self", New York: John Wiely and Sons.

Jourard, S.M.(1971), "The Transparent Self", NY: Van Nostrand Reinhold.

Kantowitz, B.H., R.J. Hankowsky and S.C. Kantowitz(1997), "Driver Acceptance of Reliable Traffic Information in Familiar and Unfamiliar Settings", *Human Factors*, 39(2), 164-176.

Karahanna, E. and D.W. Straub(1999), "The Psychological Origins of Perceived Usefulness ad Ease-of-Use", *Information and Management*, 35(4), 237-250.

Karjaluoto, H., Mattila, M. and Pento, T.(2002), "Electronic Banking in Finland-Consumer Beliefs and Reactions to a New Delivery Channel", *Journal of Financial Services Marketing*, 6(4), 346-361.

Kelly D.H. and J. Gorham(1988), "Effects of Immediacy on Recall of Information", *Communication Education*, 37(3), 198-207.

Kelley, H.H.(1979), "Personal Relationships: Their Structure and Process", New Jersey: Lawrence Erlbaum Associates.

Kelley, H.H. and J.W. Thibaut(1978), "Interpersonal Relations a Theory of Interdependence", New York: Wiley.

Ketz, J. Edward, Terry Campbell and Sidney Baxendale(1991), "Management Accounting", Brace Jovanovich Publisher, Harcourt.

Kim, J. and J.Y. Moon(1970), "Designing Towards Emotional Usability in Consumer Interfaces-Trustworthiness of Cyberbanking System Interfaces", *Interacting With Computers*, 10, 1-29.

Knauer, V.(1992), "Increasing Customer Satisfaction", United States Office of Consumer Affairs, Pueblo, Co.

Koehn, D(1996), "Should We Trust in Trust?", *American Business Law Journal*, 34(20), 183-203.

Kollock, P.(1999), "The Production of Trust in Online Markets", *Advances in Group Processes*, 16(1), 99-123.

Korsgaard, M.A., D.M. Schweiger and H.J. Sapienza(1995), "Building Commitment, Attachment and Trust in Strategic Decision-Making Teams: The Role of Procedural Justice", AMA, 38(1),

60-64.

Koufaris, M and W. Hampton-Sosa(2004), "The Development of Initial Trust in an Online Company by New Customers", *Information and Management*, 41(1), 377-397.

Kumar, N.(1996), "The Power of Trust in Manufacturer-Retailer Relationships", *Harvard Business Review*, November-December, 92-106.

Kumar, N and I. Benbasat(2001), "Shopping as Experience and Website as a Social Actor: Web Interface Design and Para-Social Presence" In: Proceedings of the International Conference on Information Systems(ICIS), New Orleans, LA

Kumar, Nanda and Izak Benbasat(2002), "Para-Social Presence and Communication Capabilties of a Web Site", *e-Service Journal*, 1(3), 5-20.

Kumar, N., L.K. Scheer and J.E.M. Steenkamp(1995), "The Effects of Supplier Fairness on Vulnerable Resellers", *Journal of Marketing Research*, 17, 54-65.

Larzelere, Robert and Ted Huston(1980), "The Dyadic Trust Scale: Toward Understanding Interpersonal Trust in Close Relationship", *Journal of Marriage and the Family*, August, 595-604.

Lassar, M. Walfried and Krishnan Dandapani(2003), "Media Perceptions and Their Impact on Web Site Quality", *International Journal of Bank Marketing*, 21(1), 38-47.

Lee, J.D.(1991), "The Dynamics of Trust in a Supervisory Control Simulation", In: Proceedings of the Human Factors Society 35th Annual Meeting, HFS, Santa Monica, CA, 1128-1232.

Lee, J., J. Kim and J.Y. Moon(2000), "What Makes Internet Users Visit Cyber Store Again? Key Design Factors for Consumer Loyalty", In: Proceedings of the Conference on Human Factors in Computing Systems CHI 2000. ACM, New York, 305-312.

Lee, J. and N. Moray(1992), "Trust, Control Strategies and Allocation of Function in Human-Machine Systems", *Ergonomics*, 35(10), 1243-1270.

Lee, M.K.O and E. Turban(2001), "A Trust Model for Consumer Internet Shopping", *International Journal of Electronic Commerce*, 6(1), 75-91.

Legard, D.(1999), "Visa: E-commerce is Major Fraud Source", Computerworld Online, www.computerworld.com/home/news.nsf/CWFlash/9903243visa

Leh, A.S.C.(2001), "Computer-Mediated Communications and Social Presence in a Distance Learning Environment", *International Journal of Educational Telecommunications*, 7(2), 109-128.

Lewis, J.D. and A. Weigert(1985), "Trust as a Social Reality", *Social Forces*, 63(4), 967-985.

Levene, C.(1992), "Marketing Art Films to College Students", Working Paper, The Wharton School, University of Pennsylvania.

Lewicki, R.J. and B.B. Bunker(1995), "Trust in Relationships: A Model of Development and Decline", In: Bunker, B.B., Rubin,J.Z.(Eds.), Conflict, Cooperation, and Justice: Essays Inspired by the Work of Morton Deutsch. Jossey-Bass, San Fransicso, CA, 133-173.

Lewicki, R.J. and B. Bunker(1996), "Developing and Maintaining Trust in Work Relationships", In: Kramer, R., Tyler, T.(Eds.), Trust in Organizations: Frontiers of Theory and Research. Sage, Newbury Park, CA, 114-139.

Lewin, David and Andrew Weigert(1985), "Trust as a Social Reality", *Social Force*, 63, 967-985.

Lewis, J.D and A.J. Weigert(1985), "Trust as a Social Reality", *Social Forces*, 63(4), 957-985.

Li, H., C. Kuo and M.G. Russell(1999), "The Impact of Perceived Channel Utilities, Shopping Orientations and Demographics on the Consumer's Online Buying Behavior", *Journal of Computer-Mediated Communication*, 5(2).1212

Lohse, G.L. and P. Spiller(1998), "Electronic Shopping", *Communications of the ACM*, 41(7), 81-87.

Loomis, J.L(1959), "Communications, the Development of Trust, and Cooperative Behavior", *Journal of Human Relations*, 12(1), 305-315.

Luhmann, N.(1979), "Trust and Power", Wiley, Chichester, UK.

Lynch, J.G., H. Marmorstein and M.F. Weigold(1988), "Choices from Sets Including Remembered Brands: Use of Recalled Attributes and Prior Overall Evaluations", *Journal of Consumer Research*, 15(September), 169-184.

Lynch, P.D., R.J. Kent and S.S. Srinivasan(2001), "The Global Internet Shopper: Evidence from Shopping Tasks in Twelve Countries", *Journal of Advertising Research*, 4(2), 15-23.

MacInnis, D.J., C. Moorman and B.J. Jaworski(1991), "Enhancing and Measuring Consumers' Motivation, Opportunity, and Ability to Process Brand Information from Ads", *Journal of Marketing*, 55(4), 32-54.

Macy, M.W. and J. Skvoretz(1998), "The Evolution of Trust and Cooperation Between Strangers: A Computational Model", *American Sociological Review*, 63(10), 638-660.

Mahajan, V., E. Muller and R. A. Kerin(1984), "Introduction Strategy for New Products with Positive and Negative Word of Mouth", *Management Science*, 30, 1389-1494.

Manchala, D.W.(2000), "E-commerce Trust Matrics and Models", *IEEE Internet Computing*, 4(2), 36-44.

Mangold, W.G., F. Miller and G.R. Brockway(1999), "Word-of-Mouth Communication in the Service Marketplace", *Journal of Service Marketing*, 13(1), 73-89.

Marcella, A.J.(1999), "Establishing Trust in Virtual Markets", The Institute of Internal Auditors, Altamonte Springs, FL.

Mayer, R.C., J.H. Davis, and F.D. Schoorman(1995), "An Integrative Model of Organizational Trust", *Academy of Management Review*, 20(3), 709-734.

McAllister, Daniel(1995), "Affect- and Cognition-based Trust as Foundations for Interpersonal Cooperation in Organizations", *Academy of Management Journal*, 38(February), 24-59.

McBride, N.K. and M. Bazley(1997), "Threads of Conversation: The Life a Public E-mail Conference", Paper Presented at the 5th the European Conference on Information Systems.

McIssac, M.S. and C.N. Gunawardena(1996), "Distance Education", In Handbook for Research on Educational Communications and Technology, Ed. D. Jonassen, 403-437. New York: Scholastic.

McKnight, D.H., L.L .Cummings, and N.L. Chervany(1998), "Initial Trust Formation in New Organizational Relationships", *Academy of Management Review*, 23, 473-490.

McKnight, D.H., V. Choudhury and C. Kacmar(2002), "Developing and Validating Trust Measures for E-commerce: An Integrative Typology", *Information Systems Research*, 13(3), 334-359.

McKnight, D.H., Vivek Choudhury and Charles Kacmar(2002), "The Impact of Initial Consumer Trust on Intentions to Transact with a Web Site: A Trust Building Model", Journal of Strategic Information Systems, 11, 297-323.

Merkle, E.R.and R.A. Richardson(1999), "Digital Dating and Virtual Relating: An Introduction to Computer Mediated Relationship",

Manuscrip Submitted for Publication.

Metcalf, L.E., C.L. Frear and R. Krishnan(1992), "Buyer-Seller Relationships: An Application of the IMP Interaction Model", *European Journal of Marketing,* 26(2), 81-101.

Meyerson, D., K.E. Weick and R.M. Kramer(1996), "Swift Trust and Temporary Groups", In: Kramer, R.M., Tyler, T.R.(Eds.), Trust in Organizations: Frontiers of Theory and Research. Sage Publications, Thousand Oaks, C A, 166-195.

Milne, G.R and M.Boza(1999), "Trust and Concern in Consumers' Perceptions of Marketing Information Management Practices", *Journal of Interactive Marketing,* 13(1), 5-24.

Mishra, A.K.(1995), "Organizational Response to Crisis: The Centrality of Trust", In: Kramer RM, Tyler TR, Editors. Trust in Organization. London, UK: Sage ; 261-287.

Misztal, B.A.(1996), "Trust in Modern Societies: The Search for the Bases of Social Order", Polity Press, New York.

Mitchell, A.(1999), "Online Markets Could See Brands Lose Control", *Marketing Week,* 15(April), 24-25.

Mitra, K., M.C.Reiss and L.M. Capella(1999), "An Examination of Perceived Risk, Information Search and Behavioral Intentions on Search, Experience and Credence Services", *Journal of Services Marketing,* 13(3), 208-228.

Money, R.B.(2000), "Word-of-Mouth Referral Sources for Buyers of International Corporate Financial Services", *Journal of World Business,* 35(3), 314-329.

Money, R.B., M.C. Gilly and J.L. Graham(1998), "Explorations of National Culture and Word of Mouth Referral Behavior in the Purchase of Industrial Services in the United States and Japan", *Journal of Marketing,* 62(October), 76-87.

Moorman, C., C.R.D Eshpande and G. Zaltman(1993), "Factors Affecting Trust in Market Research Relationships", *Journal of Marketing*, 57(1), 81-101.

Morgan, R.M. and S.D. Hunt(1994), "The Commitment-Trust Theory of Relationship Marketing", *Journal of Marketing*, 58(July), 20-38.

Muehlenhard, C.L. and M.L. McCoy(1991), "Double Standard/Double Bind: The Sexual Double Standard and Women's Communication about Sex", *Psychology of Women Quarterly*, 15, 447-461.

Muir, B.M.(1994), "Trust in Automation: Part I, theoretical Issues in the Study of Trust and Human Intervention in a Process Control Simulation", *Ergonomics*, 39(3), 429-460.

Murray, K.B.(1991), "A Test of Services Marketing Theory: Consumer Information Acquisition Activities", *Journal of Marketing*, 55(January), 10-25

Nass, C., B.J. Fogg and Y. Moom(1996), "Can Computers be Teammates?", *International Journal of Human-Computer Studies*, 45, 669-678.

Nass, C., Y.Moon, B.J .Fogg, B. Reeves and D.C. Dryer(1995), "Can Computer Personalities be Human Personalities?", *International Journal of Human-Computer Studies*, 43, 223-239.

Nass, C., J. Stuer, and E.R. Tauber(1994), "Computers are Social Actors", In: Proceeding of the Conference on Human Factors in Computing Systems CHI'94.ACM, New York, 72-78.

Neu, Dean(1991), "Trust, Contracting and the Prospectus Process", *Accounting, Organizations and Society*, 16(3), 243-256.

Nielsen, J., R. Molich, C. Snyder and S. Farrell(2000), "E-commerce User Experience: Trust", Nielsen NormanGroup, Fremont, CA. http://www.nngroup.com/reports/ecommerce/, Accessed 3/2001

다차원적 e-trust 형성과정 모형

Nissenbaum,H.(2001), "Securing Trust Online: Wisdom or Oxymoron", *Boston University Law Review* 81(3), 635-664.

Noeteberg, A., E. Christiaanse and P.Wallage(1999), "The Role of Trust and Assurance Services in Electronic Channels: An Exploratory Study", In: Proceedings of the International Conference on Information Systems(ICIS), Charlotte, NC.

Norman, D.(1986), "Cognitive Engineering", in Norman, D. and Draper, S.(Eds), User-Centered System Design: New Perspectives on Human-Computer Interaction, Lawrence Erlbaum, Hillsdale, NJ.

Norton, R.W.(1986), "Communicator Style in Teaching: Giving Good form to Content", In Communicating in College Classrooms, Ed. J.M. Civikly, 33-40. San Francisco: Jossey-Bass.

Nunnally, J.C.(1978), Psychometric Theory, McGraw-Hill, New York.

Oberndorf S.(2000), "When is a Virus a Good Thing?", *Catalog Age*, 17(1), 43-44.

Olson, B.D and J.Suls(1998), "Self-, other-, and Ideal-Judgements of Risk and Caution as a Function of the Five-Factor Model of personality", *Personality and Individual Differences*, 28(1), 425-436.

Olson, J.S and G.M. Olson(2000), "i2i Trust in E-commerce", *Communications of the ACM*, 43(12), 41-44.

Palmer, J., J.P. Bailey and S. Faraj(2000), "The Role of Intermediaries in the Development of Trust on the WWW: The Use and Prominence of Trusted Third Parties and Privacy Statements", *Journal of Computer Mediated Communications*, 5(3).

Parks, M.R., & Floyd, K.(1996), "Making Friends in Cyberspace", *Journal of Communication*, 46(1), 80-97.

Patchen, Martin, Gerhard Hofmann and James Davidson(1976), "Interracial Perceptions Among High School Students", *Sociometry*, 39,

341-354.

Pearce, J.L., I. Branyiczki and G.A. Bigley(2000), "Insufficient Bureaucracy: Trust and Commitment in Particularistic Organizations", *Organization Science*, 11(2), 148-162.

Perse, E.I., P. Burton, E. Kovner, M.E. Lears and R.J. Sen(1992), "Predicting Computer-Mediated Communication in a College Class", *Communication Research Reports*, 9(2), 161-170.

Picard, R.(2002), "Comments Made During a CHI 2002 Panel. Future Interfaces: Social and Emotional", Minneapolis, MN, April 24.

Polhemus, L., L.F. Shih, and K. Swan(2001), "Virtual Interactivity: The Representation of Social Presence in an Online Discussion", Paper Presented at the Annual Conference of American Educational Research Association.

Postmes, T., R. Spears and M. Lea(1998), "Breaching or Building Social Boundaries: SIDE-Effects of Computer-Mediated Communication", *Communication Research*, 25, 689-715.

Pruitt, D.G.(1981), "Negotiation Behavior", Academic Press Inc. New York, NY.

Putnam, R.D.(1995), "Bowling Alone: America's Declining Social capital", *Journal of Democracy*, 6(1), 3-10.

Quelch, J.A. and L.R. Klein(1996), "The Internet and International Marketing", *Sloan Management Review*, Spring, 60-75.

Rafaeli, S.(1988), "Interactivity: From New Media to Communication", In Advancing Communication Science: Merging Mass and Interpersonal Process, Ed. R.P. Hawkins. J.M. Wiemann, and S. Pingree, 110-134. Newbury Park, CA: Sage.

Ramaswami, S.N., S.S. Srinivasan and S.A. Gorton(1997), "Information Asymmetry between Salesperson and Supervisor: Postulates from Agency and Social Exchange Theories", *JPN*, 17(3), 29-50.

Ratnasingham, Pauline(1998-a), "The Importance of Trust in Electronic commerce", *Electronic Networking Applications and Policy*, 8(4), 313-321.

Reeves, B. and C. Nass(1996), "The Media Equation: How People Treat Computers, Television, and the New Media Like Real People and Places", Center for the Study of Language and Information/Cambridge University Press, Stanford, CA.

Reichheld, F.F. and P. Schefter(2000), "E-loyalty: Your Secret Weapon on the Web", *Harvard Business Review*, 78, 105-113.

Rempel, J.K., J.G. Holmes, and M.P. Zanna(1985), "Trust in Close Relatiocships", *Journal of Personality and Social Psychology*, 49(1), 95-112.

Resnick, P., K. Kuwabara, R. Zeckhauser, and E.Friedman(2000), "Reputation Systems", *Communications of the ACM*, 43(12), 45-48.

Resnick, P. and H.R. Varian,(1997), "Recommender Systems", *Communications of the ACM*, 40(3), 56-58.

Resnick, P. and R. Zeckhauser(2001), "Trust Among Strangers in Internet Transactions: Empirical Analysis of Bay's Reputation System", http://www.umich.edu/~presnick, Accesed 6/22/2001.

Rice, R.E.(1993), "Media Appropriateness: Using Social Presence Theory to Compare Traditional and New Organization Media", *Human Communication Research*, 19(4), 451-484.

Rice, R.E., G. Hughes and G. Love(1989), "Usage and Outcomes of Electronic Messaging at an R&D Organization: Situational Constraints, Job Level, and Media Awareness", *Office, Technology, and People*, 5(2), 141-161.

Ridings, C. and D. Gefen(2001), "The Development of Trust in Online Communities", In: Proceedings of International Resource Management

Association International Conference, Toronto, Ontario, Canada, 374-377.

Ridings, Catherine M., David Gefen and Bay Arinze(2002), "Some Antecedents and Effects of Trust in Virtual Communities", *Journal of Strategic Information Systems*, 11, 271-295.

Riegelsberger, J. and M.A. Sasse(2001), "Trust Builders and Trustbusters: The Role of Trust Cues in Interfaces to E-commerce Applications", In: Toward the E-Society: Proceedings of the First IFIP Conference on E-Commerce, E-Society, and E-Government. Kluwer, London, 17-30.

Rifkind, L.J.(1992), "Immediacy as a Predictor of Teacher Effectiveness in the Instructional Television", *Journal of Interactive Television*, 1(1), 31-38.

Ring, Peter(1996), "Fragile and Resilient Trust and Their Roles in Economic Exchange", *Business and Society*, 35(June), 148-175.

Ring, Peter and Andrew Van De Ven(1992), "Structuring Cooperative Relationships between Organizations", *Strategic Management Journal*, 13, 483-498.

Roselius, T.(1971), "Consumer Rankings of Risk Reduction Methods", *Journal of Marketing*, 35(1), 56-61.

Rossiter, Jr. C.M and W.B. Pearce(1975), "Communicating Personally, a Theory of Interpersonal Communication and Human Relationships", Indianapolis: The Bobbs-Merrill Company.

Rotter, J.B.(1967), "A New Scale for the Measurement of Interpersonal Trust", *Journal of Personality*, 35(4), 651-65.

Rotter, J.B.(1971), "Generalized Expectancies for Interpersonal Trust", *American Psychologist*, 26, 443-452.

Rotter, J.B.(1980), "Interpersonal Trust, Trustworthiness, and Gullibility", *American Psychologist*, 35(1), 1-7.

다차원적 e-trust 형성과정 모형

Rousseau, P., S.B. Sitkin, R.S. Burt and C.Camerer(1998), "Not so Different After All: A Cross-Discipline View of Trust", *Academy of Management Review*, 23(3), 393-404.

Ruchala and Linda(1999), "The Influence of Budget Goal Attainment on Risk Attitudes and Escalation", *Behavioral Research in Accounting*, 11, 161-191.

Sabel, C.F.(1993), "Studied Trust: Building New Forms of Cooperation in a Volatile Economy", *Human Relations*, 46(9), 1133-1170.

Sabel, C.F.(1993), "Studied Trust: Building New Forms of Cooperaton in a Aolatile Economy", *Human Relations*, 46(9), 1133-1170.

Schnarch, D.(1997), "Sex, Intimacy, and the Internet", *Journal of Sex Education and Therapy*, 22, 15-20.

Schneiderman, B.(2000), "Designing Trust into Online Experiences", *Communications of the ACM*, 43(12), 57-59.

Schurr, P.H., J.L. Ozanne(1985), "Influences on Exchange Processes: Buyers' Preconceptions of a Seller's Trustworthiness and Bargaining Toughness", *Journal of Consumer Research*, 11, 939-953.

Schutte, H. & D. Ciarlane(1998), "Consumer Behavior in Asia", New York: New York University Press.

Schwartz E.I.(1998), "O.K., Retailers, Why Do Your Own Marketing When You Can Make 100,000 Other Web Sites Do It for You?", *New york Times*, Aug 10, 3.

Shankar, Venkatesh, Glen L. Urban and Fareena Sultan(2002), "Online Trust: A Stakeholder Perspective, Concepts, Implications, and Future Directions", *Journal of Strategic Information Systems*, 11, 325-344.

Shankar, V., F.Sultan, G.L. Urban and I. Bart(2002), "The Role of Trust in Online Customer Support", Working Paper, Sloan School of Management, MIT, Cambridge, MA 02142.

Shapiro, G.S., H.H. Krauss and S.B. Traux(1969), "Therapeutic Conditions and Disclosure Beyond the Therapeutic Encounter", *Journal of Counseling Psychology*, 13, 290-294.

Sharabany, R., R. Gershoin and J.E. Hoffman(1981), "Girlfriend, Boyfriend: Age and Sex Differences in Intimate Friendship", Developmental Pstchology, 17, 800-808.

Sharma, Neeru and Paul G. Patterson(2000), "Switching Costs, Alternative Attractiveness and Experience as Moderators of Relationship Commitment in Professional, Consumer Services", *International Journal of Service Industry Management*, 11(5), 470-490.

Shelat, B. and F.N. Egger(2002), "What Makes People Trust Online Gambling Sites?", Proceedings of Conference on Human Factors in Computing Systems CHI 2002, Extended Abstracts. ACM Press, New York, 852-853.

Shneiderman, B.(2000), "Designing Trust into Online Experience", *Communications of the ACM*, 43(12), 57-59.

Singh, J.(1990), "A Typology of Customer Dissatisfaction Response Styles", *Journal of Retailing*, 66(1), 57-97.

Short, J., E.Williams and B. Christie(1976), "The Social Psychology of Telecommunications", London: Wiley.

Singh, J and D. Sirdeshmukh(2000), "Agency and Trust Mechanism in Consumer Satisfaction and Loyalty Judgements", *Journal of Academy of Marketing Science*, 28(1), 150-167.

Sisson, D.(2000), "Ecommerce:trust and Trustworthiness", http://www.philosophe.com/commerce/trust.html,accessed 5/17/2002.

Sitkin, Sim and Nansy Roth(1993), "Explaining the Limited Effectiveness of Legalistic Remedies for Trust/Distrust", *Orgational Science*, 4(August), 367-392.

Smith, M., J. Bailey and E. Brynjolfsson(2000), "Understanding Digital Markets: Review and Assessment", In: Brynjolfsson, E., Kahin, B.(Eds.), Understanding the Digital Economy, MIT, Cambridge, MA 02142.

Smith, J.B. and D.W.Barclay(1997), "The Effects of Organizational Differences and Trust on the Effectiveness of Selling Partner Relationships", *Journal of Marketing*, 61(January), 3-21.

Solomon, R.C. and Flires, F.(2001), Building Trust in Business, Politics, Relationships, and Life, Oxford University Press, New York.

Spears, R. and Lea, M.(1992), "Social Influence and the Influence of the 'Social' in Computer-Mediated Communication", In M. Lea(Ed.), Contexts of Computer-Mediated Communication(30-65), New York: Harvester Wheatsheaf.

Spekman, R.E.(1988), "Strategic Supplier Selection: Understanding Long-term Buyer Relationship", *Business Horizons*, July-August, 75-81.

Srinivasan, S.S., Rolph Anderson, Kishore Ponnavolu(2002), "Customer Loyalty in E-commerce: An Exploration of Its Antecedents and Consequences", *Journal of Retailing*, 78, 41-50.

Stanford, J., E.R. Tabber, B.J. Fogg and L. Marable(2002), "Experts vs. Online Consumers: A Comparative Credibility Study of Health and Finance Web Sites",
http://consumerwebwatch.org/news/report3__credibilityresearch/slicedbread__abstract.htm Accessed 11/19/02.

Steinbruck, U., H. Schaumburg, S. Duda and T. Kruger(2002), "A Picture Says More Than a Thousand Words-Photographs as Trust Builders in E-commerce Web Sites", In: Proceedings of Conference on Human Factors in Computing Systems CHI 2002, Extended Abstracts, ACM Press, New York, 748-749.

Steinfield, C.W.(1986), "Computer-Mediated Communication in an Organizational Setting: Explaining Task-Related and Sociomotional Uses", In M.L. McLaughlin(Ed.), Communication Yearbook 9(777-804). Newbury Park, CA: Sage.

Stiles, W.B.(1987), "I Have to Talk Somebody: A Fever Model of Disclosure", In V.J.

Straub, D.W(1994), "The Effect of Culture on IT Diffusion: E-mail and FAX in Japan and the US", *Information Systems Research*, 5(1), 23-47.

Straub, D.W. and F. Karahanna(1998), "Knowledge Worker Communications and Recipient Availability: Toward a Task Closure Explanation of Media Choice", *OSC*, 9(2), 160-175.

Strum, Jonathan(1999), "Community Precedes Commerce", *Response*, 8(January), 51.

Svenning, L. L., and J.E. Ruchinskas(1984), "Organizational Teleconferencing", In the New Media: Communication, Research, and Technology, Ed. R.E. and A. Rice, 217-248. Beverly Hills: Sage.

Swan, K., Polhemus, L. and Shih, V.(2002), "An Investigation of the Development of Social Presence in Asynchronous Online Course Discussions", Paper Presented at the Annual Conference of American Educational Research Association(AERA).

Conceptual Guide for the Salesperson", *Journal of Perso*Swan, J.E. and J. Nolan(1985), "Gaining Customer Trust: A *nal Selling and Sales Management*, 5(November), 39-48.

Swanson, E.B.(1987), "Information Channel Disposition and Use", *Decision Science*, 18(1), 131-145.

Sycara, K.and M. Lewis(1998), "Calibrating Trust to Integrate Intelligent Agents into Human Teams", Proceeding of the 31st Hawaii

International Conference on System Science(HICSS-98), Hawaii, January 5-9, 1998. IEEE, New York.

Thibaut, J.W. and H.H. Kelley(1959), "The Social Psychology of Groups", New York: Wiley.

Tu, C.H. and M.S McIssac(2002), "An Examination of Social Presence to Increase Interaction in Online Classes", *American Journal of Distance Education*, 16(3), 131-150.

Tu, Chih-Hsiung(2002), "The Relationship between Social Presence and online privacy", *Internet and Higher Education*, 5, 293-318.

Urban, G.L., F. Sultan, W. Qualls(2000), "Making Trust the Center of Your Internet Strategy", *Sloan Management Review*, Fall(1), 39-48.

Valley, Kathleen, Magaret Neale and Elizabeth Mannix(1995), "Friends, Lovers, Colleagues, Strangers: The Effects of Relationships on the Outcome of Dyadic Negotiations", *Research on Negotiation in Organizations*, 5, 65-93.

Waern, Y., J. Hagglund, T. Sololnicki, A. Steinmann(1992), "Communication Knowledge Communication", *International Journal of Man-Machine Studies*, 37, 215-239.

Waern, Y., R. Ramberg(1996), "People's Perception of Human and Computer Advice", *Computers in Human Behavior*, 12(1), 17-27.

Walczuch, Rita and H. Lundgren(2004), "Psychological Antecedents of Institution-Based Consumer Trust in E-retailing", *Information and Management*, 42, 159-177.

Walther, J.B.(1992), "Interpersonal Effects in Computer-Mediated Interaction: A Relational Perspective", *Communication Research*, 19(1), 52-90.

Walther, J.B. and Burgoon, J.K.(1992), "Relational Communication in Computer-Mediated Interaction", *Human Communication Research*,

19, 50-88.

Wang, F., Milena Head and Norm Archer(2000), "A Relationship-Building Model for the Web Retail Marketplace", *Electronic Networking Application and Policy*, 10(5), 374-384.

Warkentin, M.E., L. Sayeed and R. Hightower(1997), "Virtual Teams Versus Face-to-Face Teams: An Exploratory Study of a Web-Based Conference System", *Decision Sciences*, 28(4), 975-996.

Whitener, Ellen, Susan Brodt, M.Audrey Korsgaard and Jon Werner(1998), "Managers as Initiators of Trust: An Exchange Relationship Framework for Understanding Managerial Trustworthy Behavior", *Academy of Management Review*, 23(July), 513-530.

Wicks, A.C., S.L. Berman and T.M. Jones(1999), "The Structure of Optimal Trust: Moral and Strategic Implications", *Academy of Management review*, 23(3), 513-530.

Wiener, M. and A. Mehrabian.(1968), "Language Within Language: Immediacy, a Channel in Verval Communication", New York: Appleton-Century-Crofts.

Williams, F. and R.E. Rice(1983), "Communication Research and the New Media Technologies", In R.N.Bostrom(Ed.), *Communication Yearbook*, 7, 200-224.

Wilson, W.R. and R.A. Peterson(1989), "Some Limits on the Potency of Word-of-Mouth Information", in Srull, T.K.(Ed.), *Advances in Consumer Research*, 16, Association for Consumer Research, Provo, UT, 23-29.

Wong, H.C. and K. Sycara(1999), "Adding Security and Trust to Multi Pagent Systems", In: Proceedings of the Autonomous Agents '99: Workshop on Deception, Fraud and Trust in Agent Societies, May 1999, Seattle, WA, 149-161.

Wysocki, D.K.(1996), "Somewhere Over the Modern: Relationships Over Computer Bulletin Boards", Unpublished Doctoral Dissertation, University of California, Santa Barbara.

Yamagishi, T and M.Yamagishi(1994), "Trust and Commitment in the United States and Japan", *Motivation and Emotion*, 23(2), 109-121.

Yoon, S. J.(2002), "The Antecedents and Consequences of Trust in Online Purchase Decisions", *Journal of Interactive Marketing*, 16(2), 47-63.

Young, L.C and I.F. Wilkinson(1989), "The Role of Trust and Co-Operation in Marketing Channels: A Preliminary Study", *European Journal of Marketing*, 23(2), 109-121.

Zaheer, A., B. McEvily and V. Perrone(1998), "Does Trust Matter? Exploring the Effects of Interorganizational and Interpersonal Trust on Performance", *Organization Science*, 9, 141-159.

Zajonc, R.B.(1980), "Feeling and Thinking: Preferences Need No Inferences", *American Psychologist*, 35(2), 151-175.

Zand, Dale(1972), "Trust and Managerial Problem Solving", *Administrative Science Quarterly*, 17(June), 229-239.

Zeithaml, V.A., L.B. Leonard and A. Parasuraman(1996), "The Behavioral Consequences of Service Quality", *Journal of Marketing*, 60(April), 31-46.

Zigurs, I. and B.K. Buckland(1998), "A Theory of Task/Technology Fit and Group Support Systems Effectiveness", *MIS Quarterly*, 22(3), 313-334.

Zimmerman, J. and K. Kurapati(2002) "Exposing Profiles to Build Trust in a Recommender", In: Proceedings of the Conference on Human Factors in Computing Systems CHI 2001 Extended Abstracts. ACM Press, New York, 608-609.

Zmud, R.O., M.Lind and F.Young(1990), "An Attribute Space for Organizational Communication Channels", *Information Systems Research*, 1(4), 440-457.

Zuboff, S.(1982), "New Worlds of Computer Mediated Work", *Harvard Business Review* 60(5), 142-152.

Zucker, Lynne(1986), "Production of Trust: Instructional Sources of Economic Structure, 1940-1920", *Research in Organizational Behavior*, 8, 53-111.

다차원적 e-trust 형성과정 모형

·저자·

박주식   **·약 력·**

부산대학교 경영학사
부산대학교 경영학 석사
부산대학교 경영학 박사
울산과학대학 유통경영과 겸임교수
울산대학교 경영학부 강의전담교수
현재, 울산대학교 경영학부 전임강사

·주요논저·

『인터넷 비즈니스 사업모델론』

「마케팅 관리연구」
「마케팅 논집」
「고객만족경영연구」
「경영경제연구」 등에 다수의 논문 게재

한국경영학회, 한국소비자학회, 한국마케팅관리학회, 한국소비문화학회, 한국
전략마케팅학회 등에 다수의 논문 발표

다차원적

e-trust 형성과정 모형

·초판 인쇄	2007년 11월 30일
·초판 발행	2007년 11월 30일
·지 은 이	박주식
·펴 낸 이	채종준
·펴 낸 곳	한국학술정보㈜
	경기도 파주시 교하읍 문발리 513-5
	파주출판문화정보산업단지
	전화 031) 908-3181(대표)·팩스 031) 908-3189
	홈페이지 http://www.kstudy.com
	e-mail(출판사업부) publish@kstudy.com
·등 록	제일산-115호(2000. 6. 19)
·가 격	11,000원

ISBN   978-89-534-7861-9 93320 (Paper Book)
        978-89-534-7862-6 98320 (e-Book)